JEAN GIRAUDOUX

RETOUR D'ALSACE

— AOUT 1914 —

PARIS

ÉMILE-PAUL FRÈRES, ÉDITEURS

100, RUE DU FAUBOURG-SAINT-HONORÉ, 100

PLACE BEAUVAU

1916

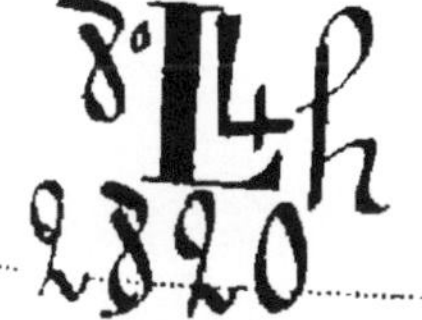

RETOUR D'ALSACE

JEAN GIRAUDOUX

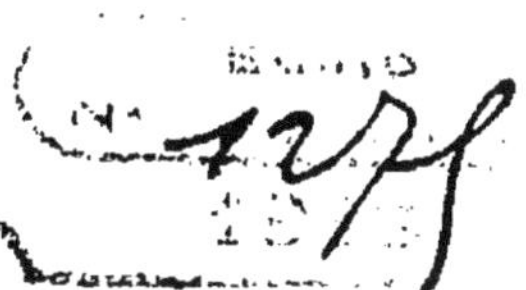

RETOUR D'ALSACE

– AOUT 1914 –

PARIS
ÉMILE-PAUL FRÈRES, ÉDITEURS
100, RUE DU FAUBOURG-SAINT-HONORÉ, 100
PLACE BEAUVAU

1916

RETOUR D'ALSACE

Bellemagny, 17 août 1914.

...Troisième réveil au delà de la frontière. Aube brumeuse. Encore étendus dans notre foin, endoloris, il nous faut raisonner, pour nous rappeler que l'Alsace dort près de nous, et nous en réjouir. Premiers matins où les jeunes mères aiment leur fils, mais pas encore par amour maternel ; elles le plaignent, elles l'admirent : il sera un grand artiste : il se mariera. Sans ouvrir les yeux, nous pensons qu'Odile est un joli prénom, Kléber un beau nom. Puis la pensée nous arrive soudain, comme chaque jour, que le régiment est parti sans nous. Nous nous levons à demi habillés, des inconnus autour de nous surgissant du foin, à la vitesse et avec les ennuis d'une résurrection, se plaignant du bras, d'une fluxion, de la jambe. Les brindilles sont imprimées sur nos mains, nos joues, même sur la joue malade, et jusqu'au soir

nous aurons l'air d'avoir dormi entre l'époque
tertiaire et l'époque quaternaire.

...A six heures, nous rejoignons au jardin du
couvent les téléphonistes. Nous sommes en réserve
aujourd'hui et les convois nous dépassent. Toutes
les voitures ont encore leur peinture et leurs pla-
cards. Voitures réservistes, dont beaucoup n'osent
point encore voyager sans leur sacoche et leur
bouillotte. Il passe les autobus de la route des
Alpes, ceux de Chamonix, ceux de la Grande Char-
treuse, que nous montrons à la sœur converse,
ceux de Grenoble, une croisade de tourisme impro-
visée, toutes autres excursions cessantes, vers
un pays merveilleux découvert la veille, et à
laquelle se sont joints, en cours de route, les
omnibus des villes traversées, le *Cheval-Blanc* de
Pontarlier, le *Coucou* de Nyons, bourgeois, noirs
et rouges, incapables cependant de résister à tant
d'attraits. Les chevaux de Forcalquier seuls regim-
bent, trouvant la gare plus loin encore que
d'habitude et prêts à prétendre que le train l'a
emportée. Je dormirais, mais les sonneries du
téléphone me réveillent. Les deux sapeurs sont
deux professionnels de Paris, qui bavardent avec
les autres postes, et appellent Bellemagny Belle-
ville, Gutzof Gutenberg. Des soldats sur la route
leur crient les numéros qu'ils avaient coutume de

demander à Paris, Passy 65-67 — Central 10-18,
numéros de petites camarades, numéro de la maison de Borniol, équations tendres ou macabres —
Louvre 30-31, numéro que je connais, numéro du
Musée Gustave Moreau. Celui qui le demande est
un grand artilleur à barbe noire. Un encadreur,
sans doute, un prix de Rome ? Nous avons déjà
le ténor du bataillon Gérard, qui a chanté *Salomé*
en Allemagne.

Huit heures, dix heures, midi. Le seul recours
contre le temps est de le mesurer à ce double
pas, comme ceux qui ont affaire personnellement
à lui, les sentinelles, les officiers de quart. Les
soldats étendus dégarnissent de pierres leur place,
découpent au canif dans les racines des noms qui
ressortiront au bout d'années, épuisent des yeux,
des mains leur paysage individuel et enfoncent
dans le pré autant que les chevaux, qui piaffent
et sont déjà enfouis à mi-jambes. — Deux heures;
le caporal téléphoniste continue à lire dans de
petits livres brochés, dont je m'empare dès qu'une
rupture du courant l'éloigne, ou quand un cheval
se prend dans la ligne. Il les lit avec une vitesse
prodigieuse, et je ne retrouve jamais le même.
Son camarade parfois l'interroge :

— Qu'est-ce que tu lis ?

— *Le cœur sur la main.*

— Qu'est-ce que tu lis maintenant?

— *Germinal.*

On signale un accident au cerisier qui sert de poste central. Il part et c'est *Pêcheur d'Islande* que je recueille.

Soudain, on m'appelle à l'appareil. Voilà quelques heures j'avais, moi aussi, par plaisanterie, demandé un numéro ami du côté de l'Étoile. Je suis déconcerté comme si l'on répondait.

— Arrive, me dit une voix inconnue.

— Avec mon fusil?

— Arrive. Le général Pau a besoin de toi.

C'est la dix-neuvième compagnie qui téléphone. Je ne me hâte point. Nous venons de voir passer le général, dans son auto blanche, bien calé, et qui semblait justement, s'il l'a jamais semblé, n'avoir pas besoin de moi. Lentement, je suis le fil téléphonique et j'arrive par lui à la dix-neuvième. C'est le seul moyen de ne point s'égarer, tout ce qui ne vient point par le fil vient à côté; et le téléphoniste reçoit ainsi les munitions, les boîtes de conserve, les hommes en mutation. Il y a tout un entrepôt autour de lui. Le cheval signalé tout à l'heure est là, et attend qu'on le réclame.

C'est un lieutenant qui me demande. Au temps où il préparait la licence, il a connu, à Louis-le-Grand, mes camarades et désire me parler d'eux.

Je suis habitué à ces fantaisies d'officiers. A la caserne, on est fréquemment convoqué par un capitaine inconnu qui veut connaître sans délai l'horaire des paquebots pour la Chine, en passant par ce qu'il appelle l'Australasie, ou le programme du doctorat en droit. Nous bavardons, le dos tourné à la France, à nos amis. Il se félicite, puisqu'il devait y avoir la guerre, d'avoir préparé la licence d'histoire. Le soir est venu. Il se lève une grande lune ronde, un grand plateau d'étain que doivent considérer avec amour, en ce moment, l'artilleur à barbe noire et le ténor. L'Angélus sonne, dans un village où notre armée n'est pas encore, car notre premier soin, dans chaque clocher, est de couper les cordes. Les reflets du couchant, le vent de la mer nous viennent aussi ce soir de chez nos ennemis, de l'Est, du Rhin. Douce soirée où l'on pouvait encore croire — à la rigueur, le calcul des probabilités cédant à une chance inouïe — qu'il n'y aurait pas de morts pendant la guerre. Nous parlons sans ménagement de cette paix qui fut jusque-là la seule dangereuse, des deux ou trois camarades communs qu'elle a fait périr, Revel, mort subitement en tramway, dans sa première redingote, civil qu'il était ; Manchet, mort à Mayence, déjà prisonnier là-bas d'un professeur qui l'avait présenté à la fille de Bedecker. Nous parlons en riant des vivants, de Besnard, qui traduisit *Nereus*, nom d'un patricien, par laurier rose : *Elle prit deux époux*, disait sa traduction, *Metellus et un laurier-rose*, des trois frères Dournelle, éparpillés dans la classe et qui trouvèrent un jour le moyen d'être *ex-æquo* en thème latin. Comme tous les Français de ce mois d'août, qui pensaient satisfaire la guerre en lui abandonnant, dans le fond de leur cœur et non sans pitié, d'ailleurs, les hypocrites de leur connaissance, les méchants, nous ne sentons exposés à la mort que les cancres lâches ou voleurs. Ces compagnons professeurs de grec, lecteurs à Upsal, fiancés à la fille d'un professeur de sciences, nous semblent invulnérables. Pouvions-nous imaginer que Besnard était déjà tué, que les trois Dournelle seraient engloutis tous trois, à quelques semaines d'intervalle, comme les puisatiers qui veulent retirer le premier asphyxié, que Saint-Arné surtout, qui s'était battu en duel avec des herboristes, était déjà mort? Le lieutenant lui envoie une carte, que je signe, et où nous lui demandons s'il a toujours sa tête. Nous en étions encore, comme nos soldats, à mettre le képi d'un camarade d'escouade, pour lui jouer un tour, sur la tombe la plus fraîche du cimetière.

Cinq heures moins le quart. Cinq heures moins dix. Aux environs des repas, il convient de serrer les heures de plus près. Je quitte le lieutenant licencié et regagne le couvent, où la sœur converse m'annonce qu'un ami est venu me demander. Elle sait déjà reconnaître les armes et, à son avis, c'est un cuirassier, ou un artilleur. Elle prétend aussi reconnaître l'amitié et affirme qu'il doit m'aimer beaucoup. Il reviendra demain.

Repas, puis on nous remonte coucher à l'école, alors que la compagnie de l'école descend coucher au couvent. On ne veut point que nous prenions des habitudes. On se défie de Dieu et de l'instituteur. Bonne nuit, malgré l'irritation de Horn, mon tampon, qui est chiffonnier et n'a pu vendre aux habitants la peau de notre lapin.

Burnhaupt, 18 août.

Départ à 5 heures dans la direction de Mulhouse. Passé de Soppe-le-Haut à Soppe-le-Bas, de Spechbach-le-Haut à Spechbach-le-Bas. Grand'halte dans un bourg qui n'est ni haut ni bas et n'a pas à s'équilibrer dans le vallon par un village jumeau. On découvrira d'ailleurs, plus tard, sur la carte, qu'il s'équilibre de l'autre côté de Strasbourg. Toilette du bataillon. Le barbier passe pour particulièrement francophile. Tout le monde va se raser chez lui. Chacun emporte son savon,

son blaireau, son rasoir, et lui n'a guère qu'à
regarder, mais enfin on se rase chez un coiffeur.
Bu aussi chez un restaurateur. Nous achetons le
vin à des particuliers, mais nous tenons à le boire
dans un café. Après ces quinze jours sans ville et
sans bourg, chaque vitrine de boutique nous
attire, comme si c'était l'hospitalité elle-même
qui élargit ainsi les portes de la maison du pain,
du vin, du chocolat. Les magasins d'ailleurs sont
vides, nous y mangeons sur des tréteaux, inter-
rompus par le bombardement de Burnhaupt-le-
Haut, dont le clocher vacille et s'effondre. Celui
de Burnhaupt-le-Bas, entre deux bosquets, semble
remonter de quelques centimètres.

Nous commençons à être las de nous battre tout
seuls. Impossible de voir un Allemand. Dans les
tranchées de Saint-Cosme, dans celles de Bretten,
pas d'autres traces, selon le régiment, que celles
de la gemütlichkeit badoise, ou munichoise, ou
saxonne, un harmonica, des vers de Gœthe sur
les violettes au bas d'une carte postale, un dentier
dans une boîte mauve, des objets aussi divers et
aussi pacifiques que ceux qu'on trouve dans le
métro. Pas de casques, de sabres, mais une valise,
un catalogue d'appareils électriques. Ce sont des
tranchées de commis-voyageurs. Des objets inconnus, chevilles roulées au tour, vis de buis au bout

de ficelles, et dont l'arme la plus parente est le boomérang. Sur les pansements abandonnés, un sang pâle, un sang de malade d'hôpital, le sang d'une race qui reste civile sous ses armes, dont la vie, dont la faim, dont la soif ne sont pas épurées par la guerre, qui continue à réclamer sa bière, ses saucisses chaudes, ses revues illustrées. Je sens déjà toute l'injustice de faire battre contre cette masse de civils les militaires français, avec leurs galons d'or ! Guerre vaine, où l'on ne capturera pas des chevau-légers bleus, des hussards blancs, mais, dans la même veste grise, des garçons de café, des peintres de Dresde qui découpent déjà en cubes la sentinelle berrichonne qui les conduit à l'arrière. Chacun de leurs emplacements de mitrailleuses a la largeur d'un Bechstein, pour qu'on y chante le Schumann pendant le repos.

Ce faux vide surtout nous irrite. Dans les caves, dans les granges de villages voilà deux heures combles d'Allemands, pas un ennemi qui n'ait eu le temps de se transformer. Des gens, sortis d'un demi-sommeil, nous parlent en demi-français. La douzaine d'otages est prête : il y en a même treize. Rien que les domestiques stylés de la guerre et tout enfant qui crie quand le canon tonne est giflé. Les meubles seuls, couverts d'inscriptions, à la berlinoise, essayent de se sauver

en avouant qui ils sont : « Je suis le buffet,
camarade », « Je suis le verre fragile où plus
d'un cœur a pleuré », « Je suis l'armoire, cher
frère ; remplis-moi de beau lin ». Meubles lâches
sur le fronton desquels apparaîtrait au besoin une
dénonciation en lettres gothiques : « Mes maîtres
sont cachés en moi ». Mais ils n'y sont pas !... De
France cependant on nous envoie la preuve qu'ils
existent. Le lieutenant Souchier a reçu de sa
femme la nouvelle qu'il y a quarante prisonniers
à Roanne ! Pas un enfant, pas une vieille paralytique, sur la route de Charlieu, qui ne les ait
déjà vus. Après tout, tout est bien, si l'on
recueille, dans le Massif Central, les prisonniers
qui se métamorphosent devant nous et si l'on
trouve en ce moment des obusiers, des mortiers
Krupp sur les monts d'Auvergne.

Enschingen, 19 août.

Longue marche dans le brouillard. Le régiment
tousse, moins la compagnie du lieutenant Viard,
où la toux est punie et où les soldats se rattrapent
sur l'éternuement. Les trois ou quatre hommes du
régiment qui se sont munis à Roanne d'un capu-
chon imperméable déclarent qu'ils préféreraient
une bonne averse. Jusqu'à huit heures, nous ne

voyons, de la route, que ce qu'on peut voir d'une tranchée, un talus, un parapet. Vers huit heures, la canonnade est si violente que la brume se lève. Le canon, sans doute, tenait encore du canon de paix, et, au lieu d'amener la pluie, éloignait les orages, la grêle. Dans chaque village, mes camarades, qui savent lire et reconnaître depuis Bellemagny le mot « Schule », s'intéressent exclusivement à la maison d'école : L'instituteur de Bellemagny élève des bassets ; la femme de l'instituteur de Bretten louche ; à Burnhaupt-le-Bas, le problème se pose de savoir si les sept enfants qui sont dans la cour, et qui se ressemblent, sont les fils du maître d'école ou ses élèves. Devaux, qui sait lire aussi le mot « Kloster », car il était de service au couvent, le cherche aux devantures. La guerre n'a pas encore détruit les vraies maisons, mais tout ce qui leur ressemblait en petit, les boîtes aux lettres, les cages à pigeon, y a passé. Une poupée allemande, un schutzmann, est pendue à un pignon. Bientôt on ne verra plus rien qui ne soit à l'échelle du soldat. Pas de fermes isolées, rien que des bourgs formés des maisons les plus dissemblables, qu'une lézarde de géraniums essaye en vain d'appareiller, et dont chacune doit correspondre, mais comment le deviner ? à un de ces prés, de ces champs, de ces vergers confondus dans la plaine. Les coqs des clochers s'amusent à pencher le plus possible sans ouvrir les ailes. Paysage un peu morne, car il a malhabilement choisi la teinte triste des couleurs les plus gaies, l'ocre pour les charpentes et les tuiles, pour les prairies et les feuillages un vert sombre de plantes grasses. L'herbe même a l'air immortel. Seules les Vosges, sur notre gauche, sont transparentes. Nous marchons jusqu'au soir et, selon le vent, il semble que là-bas la bataille se déplace brusquement, comme une chasse. J'ai toute la journée pour voisin Frobart, qui est de la même petite ville que moi, et qui m'entretient comme d'habitude de la brouille des Laroste et des Ferrand. Les lettres qu'il reçoit en sont pleines : Les Laroste ne saluent plus les Ferrand et cependant, c'est là l'énigme, M. Ferrand père continue à saluer la jeune Mme Laroste.

A cinq heures, arrêt brusque. Dix minutes, un quart d'heure se passent. Nous crions, nous sif-flons, comme un train qui demande la voie. Elle n'est pas libre. Un capitaine d'état-major arrive au galop et demande le colonel. Il a passé devant lui sans le voir, il le cherche dans mon escouade. Je le guide. J'apprends que l'on se bat fort du côté de Flaxlanden, sud-est de Mulhouse, et qu'il faut partir avec quatre compagnies, quatre restant en réserve. La vingtième, la nôtre, en est. Je reviens le lui annoncer. Mais Frobart veut des explications.

— Quelle bataille est-ce que nous livrons ? répète-t-il.

— La bataille de Flaxlanden.

Il trouve le nom de sa bataille peu facile à prononcer; il tient à savoir exactement si c'est un combat ou une vraie bataille, si l'on se bat dans le village même, ou aux alentours, s'il y a une poste, à Flaxlanden. Je peux le renseigner sur un point : c'est sûrement une bataille. On voit surgir des interstices des convois, suivis du lieutenant en gris vert que l'armée française a pris tout le mois d'août pour un chasseur à pied — et qui était le payeur de la division — les colonels à brassards qui sortent des châteaux le jour culminant des manœuvres. Les camions de l'intendance regagnent sans dignité l'arrière. Un tringlot appelle son chien qui veut rester avec nous et auquel il tente vainement d'expliquer la bêtise de son choix. Dans la compagnie aussi, grand tumulte. Cohue de figurants quand le rideau se lève une minute trop tôt. Nous nous apercevons soudain que nous ignorons tous notre place de combat. Toutes les théories sortent du sac des fourriers, des sergents-majors. Pas de compagnie à laquelle les tambours

et clairons ne viennent s'attacher définitivement
et qui ne les renvoie à la compagnie suivante. Les
adjudants ordonnent de pendre toutes les plaques
d'identité autour du cou sous le prétexte que cela
protège la poitrine, et numérotent par classe les
hommes de chaque escouade, pour que l'on sache,
en cas de blessure du chef, qui commande. Frobart n'a de chance de commander que s'il reste
tout seul. On remplit les bidons d'eau, malgré les
protestations de ceux qui y gardaient un peu
d'absinthe ou de rhum pur. Seuls les brancar-
diers sont prêts; ils sont même déjà partis : il
faut les arrêter de force et les faire passer à l'arrière
du bataillon. Chacun a l'impression qu'il nous
manquait deux heures pour être vraiment prêts à
la guerre. Mais avec conscience les hommes regagnent le temps perdu. Ils font sauter les boutons
qui tiennent mal, ils attellent les chiens aux voitures, ils amarrent au régiment tout ce qui
pourrait flotter, tomber, ils ramassent les papiers,
ils font autour d'eux un bivouac propre et lisse
comme si nous allions nous battre sur place ou
comme si nous attendions un orage. Nous ne
glisserons pas, nous ne tomberons pas. L'hon-
nêteté du régiment se rétablit, les hommes qui
ont casé leur sac dans quelque camion, avec la
complicité du conducteur, courent le reprendre;

les voitures de compagnie passent l'alcool aux
ambulances, les mitrailleurs remplacent par de
vraies cartouches leurs caisses bourrées de carton.
Chacun a bientôt son poids exact de bataille. Tous
ceux qui n'avaient pas de bidons, de troisième
cartouchière, de vis de culasse, en découvrent
soudain un choix près d'eux et l'on déniche enfin
un képi pour Artaud, notre conducteur, qui est
parti de Roanne tête nue. C'est un képi rouge sans
manchon, bien visible, mais Artaud se moque
d'être repéré : il a déjà un cheval blanc et il a
peint sur sa voiture les drapeaux de tous les
Alliés. Celui du Tonkin n'est même pas sec.

L'ordre arrive. Nous partons dans la direction
de Bernwiller.

Voici Bernwiller. Nous traversons au pas gymnastique. Il a dû défiler toute la journée tant de
troupes que personne aux portes ne regarde ce régiment courant à la bataille. Nous aurions pourtant
voulu demander à combien de kilomètres était Flaxlanden ! Deux gendarmes menacent l'un de nous
qui a secoué un prunier au passage. Un cantinier
qui se rase sur l'accotement, sa glace pendue à un
cerisier, attend avec nervosité, la figure débordant
de mousse, que nous ayons fini de faire trembler
la route. Sur le chemin de ces mille hommes aspi-
rés par le canon, nous ne voyons que des gens dont

l'unique rôle serait d'empêcher qu'on déniche les nids, qu'on vole une poule, qu'on pêche les écrevisses avec des mailles trop petites. A la sortie du village, une grande route droite et vide, silencieuse. Personne qui revienne du côté de la bataille. Nous aimerions tant en voir arriver cependant un cycliste, n'importe qui, un vaguemestre, le payeur lui-même, qui, par un mot de son langage, nous relie au combat : — Passez-leur une distribution ! Appuyez sur les pédales ! Un civil même, une femme, qui nous donnent l'impression de protéger autre chose que les gendarmes et le cantinier qui se rase. Voici seulement un convoi de chevaux en sang, précédé par deux bœufs encore au joug, que des éclats de mitraille ont atteints. Les bœufs tirent. Bien peu de nous s'attendaient à ce que les animaux aussi fussent blessés. Voici des arbres mutilés, un coin de route éclaté, un rocher en miettes. Nous avons l'impression de pénétrer dans la mêlée par en bas, par les végétaux, par les animaux, alors que nous comptions y descendre par ses sommets, par un général, par un maréchal blessés, étendus au coin du village.

— Halte !

On ordonne face à gauche, face au côté que nous croyons inoffensif. Et nous sommes, assure l'état-major, sous le feu de l'artillerie. On nous fait reculer jusqu'au fossé. C'est toujours deux mètres de sécurité en plus.

Il est huit heures. Le jour meurt sans avoir vieilli. Le crépuscule a partout la même transparence : on ne peut deviner de quel côté s'est couché le soleil, et l'armée française, qui sait si mal s'orienter, n'en a point ce soir de désavantage. Toutes les étoiles aussi, également claires et mortes, font penser au Nord, à minuit... La nuit se rapproche de nous, mais par derrière, comme de ceux qui la défendent. Plus d'ombres ; elles sont déjà séparées de nous, comme si la bataille allait être grave, comme si les adjudants nous les avaient réclamées, tout à l'heure, avec les livrets matricules. Pas une étoile errante, le canon a secoué toute la journée du ciel ce qui n'y tenait qu'à peine, plus de constellations qui se balancent, mais des astres enfoncés jusqu'à la garde. On ne voit vraiment qu'eux ; malgré soi on les contemple, on lève vers eux un bras ou un regard engourdis, car le fusil est approvisionné et rend les mouvements plus lourds : on trouve parmi eux les initiales de son nom. On se tient debout malgré la fatigue, on fait malgré soi le beau pour ces mondes où tout l'intérêt doit se concentrer d'ailleurs, en ce moment, sur le cheval blanc d'Artaud ; on explique à Frobart la grande Ourse, qui ce soir se trouve ovale. Comme il n'est pas permis de s'asseoir, les camarades s'adossent sac à sac et prennent ainsi leur repos, se parlant l'un tourné vers les ténèbres françaises, l'autre vers les ténèbres badoises. C'est notre première bataille, mais nous ébauchons instinctivement tous les gestes et les pensées que nous aurons une fois guerriers. Nous ne nous serrons pas les mains, mais nous avons des regards si lourds que s'ils appuient sur les yeux indifférents d'un voisin, le voisin doit nous sourire. Nous n'écrivons pas de testaments, mais les soldats qui se devaient vingt sous se les rendent ou se les donnent. Un seul dans la compagnie note ses dernières volontés ; c'est Lâtre, qui lègue son entreprise à sa femme, sa femme à son père. Nous nous passons le papier en riant, et Lâtre le poursuit d'escouade en escouade, avec acharnement, comme s'il devait hériter.

Je fais les cent pas avec Jalicot. Des groupes se forment. La ligne des sections carrées s'est fondue en une ligne de sections arrondies et la promenade, et la pensée, est plus douce le long de ce bataillon sans angles. Nous faisons dans l'ombre aux camarades des signes modestes d'existence : — C'est toi ? — Oui, c'est moi ! — C'est vous ? Tous ceux qui vont être braves pour la première fois allument plus doucement leur cigarette. Celui-là sent au

fond de lui un lointain sommeil, le sommeil
d'après la bataille, et bâille. Notre ignorance de la
guerre pèse sur nous comme si elle était un exa-
men. D'un peu plus nous copierions notre théorie.
Nous nous sentons coupables de n'avoir pas repassé
nos enrayages, nos déploiements. Mais surtout
nous pensons sans relâche au premier blessé, au
premier mort du bataillon. Tout notre entende-
ment butte contre ce premier cadavre. Nous com-
prenons le second, le troisième ; mais, malgré
nous, le premier mort que nous avons enfin
étendu dans notre esprit, s'anime, se relève, et
tout est à recommencer. Quand un soldat allume
sa pipe, nous frémissons, en voyant ce visage qui
s'illumine, comme s'il se désignait par cette clarté
pour la mort. Nos épaules s'alourdissent, nous
vieillissons. Nous errons sans repos dans cette
ombre qui rend la victoire à peine plus désirable
que le jour. — C'est toi ? — Oui, c'est moi, avec,
tremblotant un peu, un immense courage !

Le bruit d'un galop. Le capitaine d'état-major
transmet au colonel l'ordre d'attaquer le village
d'Enschingen. On en voit nettement le clocher,
juste devant nous, à deux kilomètres. Puis il
éprouve le besoin de nous faire un discours :

— Allez, les Roannais. Comme pour les Autrichiens !

C'est une vieille histoire. Nous avons déjà battu en effet les Autrichiens, en 1814, à Roanne même. Nous avons, de ce côté de la Loire, fait circuler un convoi ininterrompu de tuyaux en tôle sur des roues. Le général eut peur de tant de canons et ne tenta point le passage. La ville fut décorée, en même temps que Tournus où était né Greuze.

— Et attention ! Vous êtes sous le feu de l'artillerie lourde.

Pour ne point le désobliger, nos chefs nous donnent une vague formation par sections. Il part enfin. Non, il revient, toujours au galop.

— Vous êtes sous le feu de l'artillerie légère !

Est-ce qu'il va reparaître ainsi pour chaque calibre, pour les mousquetons, pour les revolvers ? Le colonel lève le bras, l'abaisse. Nous partons...

Les quatre compagnies avancent en ligne à cent mètres d'intervalle, chacune serrée et silencieuse. Les hommes ne prononcent pas une parole, malgré leur désir de savoir au juste ce qu'ils font, si c'est une marche d'approche, une charge, s'il y aura des mitrailleuses. Tous ces mineurs, ces tisseurs, ont gravement éteint leur cigarette, leur pipe, comme à l'entrée de l'usine, par précaution. Ils vont à une allure folle. La crise de discipline qu'ils ont pour la première fois se résout en silence et en vitesse. Les plus disciplinés ont pris le pas gymnastique. Avec les quatre fourriers, j'escorte le colonel qui se tient un peu en arrière du centre. Nous suivons avec peine, à travers des champs et des prairies coupés de haies. Nous trébuchons contre un bœuf étendu. Nous sautons et ressautons un ruisseau qui s'empêtre dans nos jambes comme une bande molletière défaite. Un projecteur illumine soudain la compagnie de droite, qui s'arrête, se masse, et prend machinalement contre lui les précautions recommandées pour les obus, chaque tête sous le sac qui la précède, les têtes du premier rang courbées, les yeux du premier rang fermés... Le faisceau s'éteint. Le clocher du village rentre peu à peu sous terre, dans sa tranchée, et maintenant nous allons au hasard. Plus de canon. Une balle, une seule balle passe à côté de nous, à fin de course. Un seul Allemand nous fait l'honneur de tirer. L'homme du projecteur sans doute.

Les compagnies vont décidément trop vite. Nous essayons en vain de les rejoindre. Nous ne les voyons plus. Le terrain est difficile. Parfois de l'herbe, du trèfle, puis, soudain, transversales, des lignes de choux, d'artichauts et de dahlias. Les prés sont dans le sens de l'Alsace, mais les potagers s'entendent pour contrarier notre marche.

Un cavalier surgit derrière nous et prie le colonel d'attendre le général : Nous dépêchons les fourriers aux compagnies. Un second cavalier ordonne de continuer. Un troisième, un quatrième, arrivent ainsi à toute vitesse, de l'on ne sait quel centre, mettent pied à terre, et s'alignent sur nous, en retrait l'un sur l'autre, comme si la cavalerie divisionnaire avait pour mission, dans les batailles, de former des circonférences. A part Chalton, qui n'a pas trouvé sa compagnie, aucun des trois fourriers n'est revenu. Nous envoyons les dragons en éclaireurs, mais rien à droite, rien à gauche, et, devant nous, à cinq cents mètres, la colline et la forêt. Il n'y a que nous six dans la vallée, et il paraît que l'on nous voit de partout. La fraîcheur tombe ; la première couche de rosée se pose sur nos fusils ; l'homme du projecteur tire un dernier coup de canon, le clocher d'Enschingen se dresse soudain à notre droite, tout en arrière ; une perdrix se lève : les compagnies ne sont pas passées là. Nous ralentissons le pas. Une dernière fois nous franchissons le ruisseau, mais un long rectangle de carottes nous décourage. Nous cédons à leurs taillis impénétrables ; nous n'allons pas plus loin ; nous les laissons brouter une minute par les chevaux ; un dragon les goûte lui-même ; agenouillés dans leurs feuilles odorantes, nous tirons, Chalton et moi, après les trois sommations, les premiers coups de feu du régiment sur deux lanternes électriques qui scintillent dans la forêt. Il a bien visé, la mienne ne s'éteint qu'au bout de quelques minutes, quand l'électricité manque, me dit-il. Ce n'est pas une angoisse, c'est une paresse, c'est l'indifférence qui nous prend soudain. Pourquoi aller au delà de ces carottes, et trouver pis encore, des tranchées, des betteraves peut-être? Celui qui a la meilleure oreille l'applique contre terre, mais rien que le fracas des brindilles, et le piétinement du cheval sur lequel est monté debout celui qui a la meilleure vue. Un dragon ronfle. Le colonel étudie sa carte. Nous sommes évidemment entre les lignes, et les compagnies doivent être arrêtées dans un des deux villages qui sont derrière nous, Spechbach ou Enschingen. Vers lequel allons-nous revenir? Lequel est habité? Nous ne nous hâtons point. Il devient évident que la bataille est manquée, ou n'a pas eu lieu, et que nous aurons eu un ondoiement avant le baptême. Nous ne courons plus de danger : nos ombres sont revenues; nous nous amusons de l'aventure, qui nous épargne de creuser là-bas des fossés, de prendre la garde, et nous jouissons du calme, de la liberté d'esprit que l'on ne pourra jamais goûter, dans cette guerre, qu'à égale distance des sentinelles françaises, des sentinelles allemandes, et avec son colonel. Parfois seulement, une détonation, suivie d'une autre, plus brève, plus sèche, comme si le tireur se précipitait pour ramasser son blessé. Assis les uns en face des autres, nous formons à nouveau un de ces groupes arrondis dont vit la paix. Nous sentons si bien que ne commence aucune ère nouvelle ! Nous nous remettons, comme dans l'ère précédente, à fumer, à nous pincer, à boire. Le colonel, qui en a profité pour reconnaître la forêt allemande, se décide pour Spechbach et nous revenons, enroulant à nouveau le ruisseau autour des chevaux qui se cabrent. Voici Spechbach. Une mare ronde et claire est posée devant le village comme un miroir devant les lèvres d'un homme endormi. Pas une ride. Pas un murmure... Spechbach est mort... Nous avançons.

...Ici une heure qui n'appartient pas au régiment et que le capitaine Lambert a fait rayer de notre Livre de marches. Vais-je la raconter ? Ici des blessés, des morts. La sentinelle qui nous arrête a le front entouré d'un bandeau rougi ; — la balle, l'unique balle aurait-elle porté ? Dans la première maison, une foule de blessés qui se sont installés à contre-sens, les plus gravement atteints au premier étage, comme s'ils redoutaient en plus une inondation. Sur le banc d'une ferme, un officier endormi, la poitrine couverte d'une ouate sanglante. Ce n'est point un des nôtres. Son numéro d'or est plus faible d'une unité que le nôtre et il le porte d'ailleurs partout, à son képi, à son col, à son collet. Le sort nous a manqués d'un point. Nous nous penchons :

— D'où venez-vous ? demande le colonel.

Il se réveille. Il répond machinalement ce qui le matin encore était la vraie réponse :

— De... de Chambéry.

Puis il aperçoit les cinq galons. Sa mémoire aussi reparaît.

— Le colonel... le colonel est mort, dit-il.

De ses yeux hébétés, c'est mon képi qu'il regarde maintenant, ma manche, cherchant mon grade ; il ne le juge pas, sans doute, assez élevé pour ajouter : « Le sergent, le sergent est mort. » Il s'endort à nouveau.

Nous parvenons enfin à nos compagnies, massées derrière Spechbach, malgré un adjudant affolé qui n'a pas reçu le mot de passe, et ne sait comment reconnaître les patrouilles. Ordre de repartir aussitôt pour Enschingen. Nous passons de nouveau à travers ce régiment troué. Chalton a sur la main un peu de sang de Chambéry. Il le montre à ses voisins, leur fait croire qu'il est blessé, et il s'y trompe lui-même, à chaque cigare qu'il allume.

Bernwiller, 20 août.

Occupé Enschingen à minuit juste. Je dis minuit juste, bien qu'il y ait eu à ce sujet une dispute entre mes deux compatriotes, Laurent, qui a l'heure de la ville, et Clam, qui a l'heure de la gare. Les Allemands viennent de partir, laissant la mairie préparée comme une souricière, des tablettes de chocolat sur la porte ouverte, des croûtes de fromage sur la table. Dans une cave, une patrouille égarée du ***, que les compagnies se passent, que le capitaine Fontange félicite, que le capitaine Perret veut fusiller comme déserteurs. Nouveaux otages, qui descendent en bras de chemise et que nous renvoyons passer une veste, car nous ne voulons que des otages entièrement habillés. Je suis de garde du drapeau que nous installons dans l'auberge, et tous les soldats qui s'échappent pour boire, surpris, vident leur verre plus dignement. A trois heures, départ pour Bernwiller ; le lieutenant Viard félicite les guides : la route est absolument droite. Journée paisible,

très chaude dès que le soleil est levé. Je suis
chargé de la surveillance des otages qui dorment
sur des charrettes à claire-voie, à part un conseiller municipal nerveux, dont c'est aujourd'hui
la fête, que sa famille attend et qui reste seul
assis sur la claie alors que tous les autres ont
passé depuis longtemps au travers. Nous nous
organisons, nous nous déployons, nous creusons
des tranchées face à Enschingen, comme si nous
n'avions d'autre but dans la guerre que de prendre
ce village une fois par jour. Petit déjeuner avec
Devaux chez un vieil Alsacien, qui est sourd-muet,
et qui s'empresse à nous servir, protégé qu'il est
par ses infirmités contre toute dénonciation. La
trouvaille de deux œufs de poule, puis de deux
œufs de canard, nous conduit progressivement à
l'idée du grand déjeuner que nous préparons aussitôt chez deux sœurs allemandes, deux jumelles.
Nous goûtons enfin l'impression d'être des conqué-
rants ; chacun de nos mots fait courir, se heurter,
ces deux images semblables, et nous avons à la
fois notre volonté brune et notre volonté blonde.
Poulet rôti. Crêpes aux confitures. Aux murs, sur
le papier gris, des taches carrées plus claires. Il y
avait là des cadres. On pourrait reconstituer,
d'après la couleur plus ou moins passée, toute la
famille impériale. Je fais pâlir nos esclaves en leur

demandant où elles ont caché ces portraits. Devaux
leur pose, sans malice, des questions alternative-
ment menaçantes et affables : si l'empereur est
bien paralytique général, quels sont leurs prénoms,
comment finira la guerre, ce que veut dire le mot
« gemütlich ». Elles ne répondent qu'aux questions affables, mais avec la crainte que les questions sacrilèges ont causée : elles s'appellent,
tremblantes, Elsa et Johanna ; gemütlich veut
dire : « quand tout est bien, quand tout est gai. »

« Hier ist es gemütlich », dit Devaux, pour
trouver un exemple.

— Ya, répondent-elles, ya.

Quand on agite le mot gemütlich aux yeux
d'une Allemande, elle répond toujours par ces
joyeux aboiements.

A midi, ordre de libérer les guides. Le conseiller
municipal s'en va en courant par un raccourci,
plus court, prétend-il, que la route droite. Je
rejoins ma compagnie qui occupe la maison et le
parc de Henner. Tous les hommes sont étendus
dans le creux des pelouses, au pied de buissons, et
dorment, sur le dos, sur le côté, les genoux pliés ou
levés. Nous avons là tous les tableaux qu'eût peints
Henner s'il n'y avait eu dans les bosquets que des
soldats, et non des femmes rousses. Jalicot a
visité le château : il n'y a trouvé que deux

énormes pinceaux, l'un carmin, l'autre saumon, les pinceaux de Matisse, que nous donnons à Horn pour graisser nos souliers. Il faut une heure pour les laver. Toutes les toiles ont disparu des murs, comme chez Elsa et Johanna ; mais il reste les glaces. Nous ne nous étions vus depuis Roanne que dans des miroirs ronds à deux sous, qui nous montraient tout juste notre œil ou notre raie. Nous nous contemplons, nous nous rapprochons sous le prétexte de comparer nos tailles, mais chacun ne regarde que soi et je ne sais même plus, aujourd'hui, lequel était le plus grand.

Long après-midi paisible. Le lieutenant Balay me charge de visiter le village, d'interroger les passants. Je flâne dans les rues désertes. Pas un habitant dehors. Beaucoup de maisons fermées, avec les images de sainte Agnès sur la porte, rondes comme les vrais scellés. Je visite l'église, qu'entoure un canal d'eau courante. Je pousse la fenêtre d'une belle maison ornée de boiseries Louis XV, j'aperçois dans des cadres noirs à grains d'or les Trois Grâces et la Comparaison. Partout le silence. L'avion allemand qui passe là-haut ne peut noter dans ce coin du village qu'un touriste ou un indiscret. Je vais si loin que je m'égare : une jeune fille m'indique la route du château avec la politesse qu'on réservait dans ce bourg aux invités de Henner. Il fait toujours très chaud. Je rejoins les autres sergents, couchés sur la pelouse. Étendu sur le dos près d'eux, je les écoute se parler de leurs femmes, j'admire, mais quand c'est mon tour, les photographies de Mme Sartaut, dont Sartaut fait passer un choix inépuisable ; je la vois en costume cycliste, en costume de bain, appuyée à un prie-Dieu au bord d'une plage, car toutes les photographies ont été prises en juillet à Arcachon. Je la vois soudain en buste, comme si elle s'était rapprochée de nous de moitié chemin. Chaque fois elle a près d'elle un chien différent, car son métier, à Paris, est de prendre les chiens en pension. La voilà en bateau avec un levrier qui a appartenu à Sarah Bernhardt, et Sartaut parle de Sarah qui gagne un million par an, qui dépasse les soixante-dix ans, et n'a pas un sou : c'est une femme qui n'a pas d'ordre. On repasse la photo du bain, pour voir le caniche d'une Brésilienne, et pour discuter, ce qui nous fait traiter de stupides par Sartaut, si la vue a été prise avant le bain ou après. — C'est avant pour le caniche, encore frisé, après pour Madame, toute lisse. — Douce petite française, aux yeux inclinés, à la gorge haute, aux jambes nettes, qui s'oppose dans notre pensée, selon le chien du jour, à une actrice, à une juive, à une Guatemalaise. C'est elle qui nous donne pour la première fois l'impression d'être en Alsace, alors que justement nous n'en voyons rien, que le ciel où passent bientôt, par photos uniques, les femmes des autres sergents, avec des chiens et des enfants qui leur appartiennent.

A six heures, départ pour Spechbach-le-Haut. Nous commençons une manœuvre d'encerclement autour du malheureux Enschingen. Mulhouse a donné moins de mal : Nous apprenons qu'elle est à nous et qu'on a pris sur la gauche vingt-quatre canons et huit cents Badois. Nous réclamons du capitaine Perret, qui a un Joanne, de nous lire la page de Mulhouse. Toute la compagnie écoute : *la gare est petite, noire, incommode, et fait contraste avec le somptueux hôtel des Postes*. Mais il y a 95.000 habitants. Mais, assure Joanne, les institutions de prévoyance y ont reçu le plus grand développement; la Pierre des Bavards est déjà retenue pour Jalicot. Nous voudrions entendre aussi la page de Fribourg, car c'est sur Fribourg, paraît-il, que nous allons. Mais Fribourg n'est pas en Alsace, malgré les affirmations de ceux qui confondent avec le Fribourg de la Suisse.

Marche sans autre incident que l'arrestation de Babette Hermann, dix-huit ans, qui est allée se faire arracher une dent à Bernwiller, qui a voulu revenir chez elle, malgré la bataille, tant la sœur lui a fait mal, et s'est prise dans la brigade. Le bandeau noir qui doit lui servir le dimanche pour son nœud alsacien est autour de sa fluxion. On me la confie, car elle ne sait que l'allemand. Spechbach nous fête. Je reconduis Babette à sa famille qui s'empresse, mélangeant à mon profit son affection pour les Français et la reconnaissance due aux dentistes. On m'invite à dîner, on sort de vieilles cartes où Spechbach est en grosses lettres, n'ayant point encore le désavantage qu'un grand peintre n'y soit point né, les recueils des tableaux patriotiques du Salon y compris 1892, date de ma fièvre muqueuse, et je reconnais de cette année chaque zouave, chaque vitrier. Babette installe elle-même sa lessiveuse pour notre soupe, malgré les soldats qui la supplient de ne pas se mettre en courant d'air. Le grand-père, qui voit que tout arrive, ne peut plus croire maintenant que ses souhaits plus modestes se réalisent moins : il me confie l'espérance de voir son petit-fils médecin, son bétail vendu, Babette guérie pour toujours de sa dent. Une fois interne des hôpitaux, son frère pourra d'ailleurs la soigner à loisir. Je le quitte le plus tard possible pour regagner le bureau du colonel, installé dans le salon du presbytère. J'écris le résumé du jour, le vrai, où je ne parle ni de Mme Sartaut ni de

Babette, et je me couche sur la table, après avoir posé l'encrier par terre. Il faudra faire attention au lever. Salon où tous les meubles ont des colonnes torses, fauteuils, supports d'armoire, table en chêne, et où un Christ, à tête relevée, semble s'étonner que le montant de sa croix soit si plat, si lisse !

Ammerzwiller, 22 août.

La bataille est bien finie, bien gagnée, mais le canon tonne toujours, et devant nous. Nous ne nous en inquiétons point. C'était encore l'époque où les fantassins croyaient que l'artillerie se loge entre les ennemis et eux. Pauvres artilleurs ! disions-nous. A dix heures, départ de Spechbach. On craint un retour des Allemands par Cernay et nous attendons jusqu'au soir face au Nord, dans des vergers. Tout le linge lavé le matin est retiré des sacs et pendu aux branches, d'où l'on retire, pour l'équilibre, quelques pommes. Je dicte aux sergents-majors le rapport du quartier général : nous tirons trop haut, nos tranchées sont trop hautes et trop petites, il faudra les mesurer désormais avec un homme de taille moyenne. Réclamations du lieutenant Viard, dont la compagnie est près d'un rucher, et qui a déjà deux hommes piqués. Mais interdiction formelle d'enfumer les abeilles avant le café. A cinq heures, départ dans la direction d'Altkirch. Belle route, dont les cerisiers ont été coupés au ras du sol par les Allemands. Nous retrouvons les artilleurs de Moulins, les dragons de Saint-Étienne. Quelques dragons sont montés sur de grands chevaux allemands qui ne veulent suivre, c'est leur patriotisme, que réunis en peloton. Les officiers s'y opposent. Le soir est étouffant. Assis sur les cerisiers, nous regardons vers les champs, un peu pour éviter la poussière, beaucoup pour ne pas tourner le dos à trois tombes de soldats français, tués voilà dix jours, et dont nous notons les noms sur nos carnets. Nous apprenons leur mort en même temps, à peu près, que leurs parents. Nous avons de plus le chagrin de voir les tertres faits un peu au hasard... Je ne sais pourquoi nous aurions mieux aimé pour eux des tombes parallèles.

*
* *

Halte aux portes d'Ammerzwiller. Notre boucher prétend qu'on **a agité** trois fois une lampe dans le grenier d'une maison. Il vient me chercher, comme interprète, et nous pénétrons, boucher avec son revolver, littérateur avec sa baïonnette, dans la chambre d'une grande jeune femme à cheveux blonds qui sort du lit en criant. Puis elle sanglote ; on voit sa gorge, ses jambes, toute une franchise de réveil qui pousse le boucher à croire tout ce qu'elle dit : Elle n'a pas de lampe, elle a l'électricité, il n'y a personne dans le grenier, elle le jure. Elle dit tout cela en français, mais le boucher, pour bien comprendre, attend mon avis. Nous montons et trouvons, enfoui sous des couvertures, un homme que nous confions à la garde. Nous prenons deux otages, le vieux maire, qui vient sans résistance passer la nuit au presbytère et le jeune curé, qui proteste avec véhémence, bien que les soldats aient encore, épinglés à la capote, les Sacré-Cœur distribués à Paray-le-Monial. Ce matin, je vais aux informations et une voisine m'apprend que nous avons arrêté le faible d'esprit du village.

Vie de garnison toute la matinée. Je suis arrêté par mon adjudant des dernières manœuvres, avec lequel je dois prendre le café, et qui tente de m'apitoyer sur son échec de Saint-Maixent ; échec injuste ; on lui a demandé à l'oral ce qu'il pensait de Benserade. Nous allons cueillir des pissenlits. Dans chaque champ, nous trouvons des cadavres de lièvres, mais inutilisables, gâtés en une heure. La chasse est le maximum de ce que

peut supporter un cœur de lièvre, la guerre le
fait éclater. Pas d'oiseaux non plus, à part les
poules ; les poules, puisque c'est leur nom, se
sont cachées les premiers jours, sont ressorties et
ont repris maintenant, un œil sur chaque oreille,
la chasse au roi des lombrics : la guerre durera
longtemps... Toute la question est de savoir si
l'admissibilité comptera après la paix !

Nous revenons par le corps de garde où ma
compagnie, qui est de jour, a pendu toutes les
enseignes suspectes de la ville : *A la pomme impériale, A l'empereur à barbe rouge.* Elle collectionne
aussi toutes les plaques officielles des rues, et à
chaque instant un généreux donateur arrive,
apportant des panonceaux ou des affiches. On se
croirait à Carnavalet un jour de générosité. Bientôt
tout le déguisement prussien du village est ras-
semblé dans cette salle ; indications ou prescrip-
tions si dédaigneuses pour le passant qu'elles font
naître immédiatement l'ordre ou la vérité con-
traire dans un cœur français : Ordonné de passer
sur la voie quand le train arrive — Obligatoire
de battre les animaux — Enschingen pas à 7 kilomètres, Enschingen à 1.000 kilomètres !... L'inno-
cent est toujours là, mais il ne sait que l'allemand. Bardin s'occupe de lui offrir le café et, pour
trouver des relations communes, essaye de lui

faire entendre qu'il a connu un Boche, à Vichy, un garçon d'hôtel. Il a connu aussi un idiot, qui vendait des journaux et auquel on n'a jamais pu repasser une pièce fausse; il ne faudrait pas croire que les idiots soient plus bêtes que les autres.

Rencontré le lieutenant Bertet. Il n'en revient pas d'être déjà en Alsace. Il n'avait pris que des cartes de Prusse et de Bavière, comme s'il s'agissait dans cette guerre de délivrer la Pologne et je dois lui céder mes deux pauvres petites cartes de Colmar et de Strasbourg. Il ne me laisse qu'un plan des irrigations de la forêt de la Hardt, trouvé à la mairie. Je ne risque plus de me noyer dans cette forêt... Je pense avec un peu de pitié à mes amis alsaciens, Braun, Beyer, partis avec le 102, le sac bourré de cartes des Vosges, qui s'acharnent sans doute en ce moment sur le Luxembourg belge ou le Luxembourg luxembourgeois, qui couchent ce soir à Malines, à Bruges et doivent trouer, pour arriver à la bataille, tous les décors de Rodenbach, qu'ils n'aimaient guère, alors que nous tenons déjà, par quinze jours de marche pacifique, le seul enjeu de la guerre. Nous avons une belle dette envers l'officier d'état-major auvergnat qui fit sournoisement désigner, sur les plans de mobilisation, les Auvergnats pour reprendre l'Alsace!

Les hommes sont moins pris au dépourvu que Bertet. Je m'étonne de l'instinct avec lequel ils occupent et ils traitent chaque village. D'abord ils payent tout en or. Ils auront le temps, disent-ils, de passer leurs billets en Allemagne; de chacun de leurs gestes, jaillit une pièce de cent sous. Ils ne donnent pas non plus, comme notre état-major de brigade qui nous interdit toute sonnerie, toute entrée en musique, l'impression de chercher la vraie frontière à l'intérieur même de l'Alsace. Ils mettent les horloges à l'heure de la France, ils grattent les mots allemands sur les murs, ils se délivrent vraiment de la petite peine et de l'humiliation qu'on leur infligea chaque année, à l'école, en leur contant 70. Il est dur, quand on se sait la plus forte nation du monde, d'apprendre que les autres vous battent! Pas un qui n'eut convenu avec sa famille d'une phrase spéciale pour annoncer qu'il était en Alsace, dictionnaire enfantin que tous ont copié, de sorte que chaque lettre, chaque carte, commence par ces mots : *le sac n'est pas lourd*, ou *le ceinturon ne serre pas*, ou *les souliers ne prennent pas l'eau*, défi-nitions négatives de leur bien-être et qui voudront dire, une fois révélées par l'air pur de Pontgi-baud ou de Thiers : « On est vainqueur », « On approche de Strasbourg », « On voit le Rhin ».

On pourrait le voir en effet du haut du clocher
avec une jumelle marine, affirme le curé, qui
affecte aussi de compter en milles marins — 15 —
la distance qui nous en sépare. Pas un socialiste
qui ne plaigne Déroulède. Ma compagnie, qui est
de jour à la mairie, à cause des cartes, des globes,
des affiches se sent plus que les autres à l'honneur.
Rétoil, qui est marbrier au cimetière de Volvic
et nous a promis à chacun sa meilleure inscription, grave en attendant dans le marbre de la
cheminée :

16 août 1870   19 août 1914

REZONVILLE.   ENSCHINGEN.

Sur la carte, où le pays annexé est en carmin,
et la France en blanc, on passe au crayon rouge
la France, que l'Alsace conquiert ainsi en une
minute. Mon tambour, qui est de Bruère, le petit
bourg du Bourbonnais où se dressait autrefois,
raconte-t-il, le centre de la France, — il y a
une colonne carrée faite de deux sarcophages
romains trouvés aux environs — se réjouit que
Bruère ait repris son rang, l'écrit à sa famille,
essaye de l'expliquer au maire avec des ficelles
tendues de Dunkerque à Perpignan... le maire
ne comprend pas... l'Allemagne n'a pas de

centre... Souvent les soldats ont recours à moi
pour parler allemand, mais je ne suis qu'un interprète pour mots abstraits. A part les oignons,
pour lesquels je suis d'un réel service, un soldat
français peut tout se procurer par gestes. Ils
n'usent de moi que pour calmer le doute qu'ils ont
eu, en voyant qu'on n'illuminait pas en Alsace,
qu'on n'y parlait pas français. Ils cherchent avec
une bonne volonté inépuisable l'Alsacien qui leur
dira : — quelle joie de vous voir! Quelle honte que
les Allemands! Ils essayent, par des insinuations
naïves sur la folie du kronprinz, de mettre à l'aise
leurs hôtes. On m'invite au café dans cette grange
pour que je demande à la vieille si elle est
contente de nous voir. Comment se dit contente?
Toute la journée on lui répétera le mot « zufrie-
den » qui deviendra le soir un lambeau allemand
méconnaissable, auquel la vieille continuera de
répondre en hochant la tête. Pas un fumeur, pas
un enfant, qu'ils ne me fassent interroger sur les
cigognes, sur Strasbourg, sur les têtes de pipe. Si
l'un d'eux fait mine de dire que le patois alsacien
ressemble quand même au prussien, les autres
me chargent de lui expliquer que la différence
est colossale, qu'au lieu de Haus, la maison, on
dit Hus, au lieu de Deutsch, l'Allemand, on dit
Schwob. Peut-il y avoir plus d'écart! Une fer-

mière a son mari à la prison de Colmar, sa ferme
ne désemplit pas : « Brave Alsacienne-Lorraine! »
répètent-ils... et, dans certaines maisons renfro-
gnées c'est eux qui apportent l'Alsace : ils trouvent à coller sur la porte, comme sur les autres,
un portrait de Sainte-Agnès; ils passent au ripo-
lin rouge les poutrelles extérieures, et mettent
des fleurs sur les accoudoirs. Égalité française : il
y a bientôt le même nombre de géraniums à
chaque fenêtre du village. Tous fiers, d'ailleurs,
de leur conquête, étalant avec complaisance les
culottes rouges qu'ils ont lavées aux alentours des
maisons d'otages.

La guerre vient juste à temps; dix ans de plus,
et c'était trop tard. Dans chacun des villages que
nous avons traversés jusqu'ici les enfants ne parlent plus français. On a tout au plus l'impression
que jadis, jadis ils l'ont parlé. Ils nous escortent
avec enthousiasme, mais dès que nous leur parlons, ils s'arrêtent, leur sourire cesse, ou bien ils
se précipitent chez eux, questionnent leur mère et
nous rapportent une phrase incompréhensible de
trois mots boiteux : c'est tout ce qu'il reste de
français à la maison. Je me décide à leur parler
allemand : pour qu'ils comprennent mieux, j'emploie mon haut allemand le plus clair, la langue
officielle des théâtres de Meiningen et de Weimar,

le hanovrien saccadé des auteurs juifs qui déclament les traductions de Verlaine. Je demande à deux fillettes où l'on peut trouver des confitures, du miel. Elles éclatent de rire, comme on rit d'un acteur qui déclare se nourrir de miel, de compotes. Je voudrais savoir aussi où est l'école : acteur bizarre, qui va à l'école ; elles m'accompagnent en se contenant à peine. Voici l'école ; elles me montrent les cahiers de composition, écrits tous en allemand, dans une écriture raide de parade, cahiers que l'empereur pourrait honorer d'un regard. Dessins orgueilleux dont le moindre est un palais de l'agriculture citadine ; problèmes d'arithmétique à la donnée dure et sèche, que l'on a envie de résoudre par la chimie, et qui vous font restituer, sous peine de correction, les chiffres, les stères, les kilomètres. Pas un mot de français. A Saint-Cosme seulement, chaque dictée, quel qu'en fût le sujet, Charlemagne ou Geneviève de Brabant, — les instituteurs alsaciens choisissent toujours leurs héros dans leur méridien — était suivie d'une phrase à nous, sans rapport avec le texte : « L'oseille est un légume », « l'ail est une plante », « la coquetterie est un vice ». Brave maître d'école qui bordait les massifs impériaux de persil et de défauts français. Voici le cahier de ma fillette la plus grande : elle a *très mal* en histoire ; elle n'a pas su la mort de Frédéric II. Elle m'affirme qu'elle ne recommencera pas ; et tient à me réciter tous les grands hommes qui sont morts, mal assurée pour ceux qu'elle aime. — C'est ainsi que nous passons notre journée entre les enfants et entre les vieillards, nous vieillissant ou nous rajeunissant selon nos rencontres, car vieux et enfants ne vont pas ici ensemble, comme en France, et nous conquérons un pays où l'âge adulte n'existe pas.

*   *
*

Journée et rencontres de garnison : je suis chargé d'imprimer le cachet du régiment sur les permis d'habitants qui veulent acheter des provisions aux environs. Je les accompagne jusqu'à la ligne des sentinelles, face au clocher du village où ils vont, et les lâche comme une élastique. Rencontré Jalicot, qui a adopté un vrai petit muet ; n'ayant pas l'allemand entre eux, tous deux se comprennent à merveille. Rencontré Artaud, qui est rayonnant, qui s'est pris le pied dans la roue de sa voiture, a cogné la tête dans le marchepied, et est retombé sur une botte de paille ; il aurait voulu le faire qu'il n'y serait jamais arrivé. Notre chien de chasse suit mes promenades quand je prends un fusil et m'abandonne quand je me contente du revolver. Je le mystifie en l'emmenant à la pêche, un ruisseau coule au bas du village.

Il fait chaud, et je m'arrête au milieu de la prairie, près du lieutenant Michal. C'est notre guide : il est petit, modeste, doux ; le général de la division a choisi pour marcher en tête des régiments de réserve, les contraires des tambours majors de l'active ; le guide du 236 est C..., le plus petit romancier de France : celui du 305, B..., journaliste silencieux, qui prend des notes. — « Voilà des régiments qui réfléchissent », doivent se dire les bourgs qui ont vu la veille défiler à l'étourdie des zouaves ou des chasseurs. Michal étudie sa carte. Il s'est étendu dans l'herbe suivant la ligne du Rhin et, orienté vers le Nord, distribue ses points et ses demi-points cardinaux aux clochers les plus distincts ; à chaque halte, il s'installe ainsi, se couche, — le colonel dit : « Michal cherche notre niveau », — et le lendemain il nous conduit sans erreur par les plus petits chemins, même s'il n'y a pas de villages, et s'il a dû confier le Nord et le Sud à de simples rochers ou à de simples arbres. Souvent je l'ai rejoint, sur ces routes alsaciennes qu'il a plus de plaisir à fouler qu'un autre, car il est ingénieur des mines et il n'oublie pas une minute combien le sol conquis est profond. Nous marchions de son pas régulier, qu'il règle à sa montre ; dans cette avant-garde de calme où l'on ne connaît rien des bousculades et des galopades de l'arrière, nous parlions de la guerre, à laquelle il n'avait jamais cru et à laquelle il s'était pourtant préparé avec minutie depuis son enfance. Chaque année, il la jugeait plus impossible, et chaque année un instinct le poussait à acheter un album d'uniformes allemands, ou un couteau de guerre, ou un sifflet de campagne, un imperméable. Il ne lui manquait plus, au début d'août, qu'une ceinture pour l'or. Il avait l'or. Son instinct n'était en retard que d'une année. Pendant les huit jours d'attente à Roanne, je l'ai rencontré souvent à la bibliothèque des officiers, où il empruntait tous les livres de guerre : Foch, Langlois, Napoléon... Le jour du départ, le bibliothécaire a dû lui laisser les *Commentaires*, de même qu'il a dû laisser au lieutenant Bertet le *Mariage de Chiffon*. Toujours illuminé par ses lectures, il m'explique aujourd'hui notre manœuvre d'Enschingen. On devine qu'il porte en lui tous les plans des combats, d'échelle différente, moderne et ancienne, il compare notre mouvement, pour que je le comprenne bien, à la plus grande bataille du monde, à Austerlitz ; il m'explique Flaxlanden par une petite défaite athénienne. Moins que des soldats ou des peuples, il voit des victoires ennemies se précipiter l'une contre l'autre, Wattignies contre Sedan, Denain contre Waterloo. De nos armes, de nos navires, il parle avec le même jugement impartial et transparent; à l'entendre, tout devient balistique, capillarité, et je rattrape à peine par les trajectoires de ses fusils, mon pauvre régiment, qui me semble presque inutile. Il m'explique les vallées, les rivières, comme si son rôle était de prouver le déterminisme de la guerre à un sergent. Guerre que nous imaginions tous, dans notre inconscience, une guerre d'été, et qu'il a vue, dès le début, souffrir des douleurs des quatre saisons. car il me rappelle qu'au Cameroun il pleut, qu'en Chine il gèle... Il étend la guerre sous toutes les zones comme un nouveau continent... Guerrier que je suis, je sens ma part de froid me gagner, ma part de neige, je prévois une seconde les tranchées, les inondations, les fièvres. De l'Alsace aussi il me parle si nettement, dans son esprit, comme sur ses photos, comme dans ce pré bordé directement par les Vosges et le Rhin et où nous pouvons planter, plus légitimement que sur la carte même, des épingles avec des drapeaux, je la sens si étroite, si délimitée, si seule, qu'il en a bientôt

détaché cette Lorraine, que nous lui avons donnée
pour compagne. Les deux deuils de 70, confondus
par égoïsme ou par hasard en un seul deuil, il
les sépare en moi autant que si les deux pro-
vinces perdues étaient aux deux extrémités de la
France. Il m'enlève l'illusion, prenant Spechbach,
d'avoir conquis du même coup un bourg lorrain
de même grandeur. Nous sommes l'armée d'Alsace. Que notre corps actif s'occupe de la Lorraine ! Tristesse d'apprendre que celui auquel
vous croyiez un jumeau est seul et ne ressemble
à personne. Il me ramène vers un village où
tout maintenant me semble dédoublé, de ce qui
avait pour moi un double sens. La claire lumière
de Metz ne l'illumine plus, derrière chaque maison rouge, a disparu la silhouette d'une maison
blanche, et derrière l'église, haute et simple,
celle d'une cathédrale sculptée...

Il me quitte ; il doit acheter du jambon et du
vinaigre, car les officiers l'ont naturellement
chargé de leur cuisine, comme ils en chargent
immanquablement tout professeur, tout prêtre,
tout poète. Je rejoins les sergents de la 20ᵉ et dîne
avec eux. Repas silencieux jusqu'au moment où
Forest s'offre à découper le lapin en disant : *je
suis jeune, il est vrai, mais aux âmes bien nées.* J'ai
déjà remarqué que rien ne paraît plus drôle aux

sous-officiers de l'active qu'un vers fameux. Tous
éclatent. Roger crie : *Percé jusques au fond du cœur !*
Chalton : *Prends un siège, Cinna.* Le dîner s'achève
dans la joie.

Ammerzwiller, 23 août.

Lever vers cinq heures. Nous nous rassemblons
au bureau assez lentement, car chacun de nous,
le soir, disparaît dans l'ombre, et va dormir secrète-
ment dans un coin ou vers un meuble qu'il a
hypocritement noté de jour. Clam a passé la nuit
dans un fauteuil. Laurent sous une voiture, appuyé
contre des sacs de riz, moi sur le canapé où j'avais
les genoux et le cou pliés. Nous avons la mauvaise humeur de gens qui n'ont pas dormi étendus. Par bonheur, une visite au premier nous
apprend que le lit du colonel est maintenant
libre. De temps à autre, l'un de nous sort au galop,
et revient au bout de vingt minutes, les yeux
gonflés, s'étirant, disant : — Ah ! que j'ai bien
dormi !

Le bruit court que c'est dimanche. Ce n'est pas
le curé qui le confirmera. Il a refusé de dire une
grand'messe et a célébré l'office dans sa chambre,
tout seul. Sa bonne, à laquelle les événements
ont valu pour la première fois la clef de la cave,

nous donne deux litres de Médoc. Dès lors, la chasse aux vivres succède à la chasse au sommeil. Chacun de nous sort à nouveau subitement, et revient, le visage apaisé, avec le riz, l'ail, la poule qu'il avait repérés la veille. L'œil du Français est plein de ressources. Pas un de nous qui n'ait également, dans ce bourg de huit cents habitants, déjà marqué en lui la maison qu'il habiterait, la femme qu'il choisirait, au cas où nous y resterions quelque temps, toujours.

*
* *

Matinée assez remplie. Je vais acheter des bœufs avec l'officier des détails. Je suis chargé de vérifier si la voyageuse arrivée chez la femme Schanzi est bien une sage-femme. De la vue de la femme Schanzi, je juge toute contestation impossible. Je recopie sur le cahier du régiment le résumé de la veille. J'écoute le vaguemestre nous lire le courrier qui part : il approuve sans réserves la carte du colonel : *Tout va bien*, mais est étonné par celle du capitaine adjoint qui écrit à ses deux fillettes: *Bonjour dominical du papa :* Il n'aurait jamais cru que c'était un calotin ! A neuf heures, c'est mon tour de m'étendre un peu sur le lit du premier. Mais l'envie de dormir est passée ; par bonheur, je trouve dans la chambre un vieux numéro

du *Nouvelliste d'Alsace-Lorraine*. Que notre guerre
est calme, à en juger par les titres, comparée à
cette paix d'il y a six mois : Les écrasés de Guebwiller, Mariage interrompu à Saverne, Scission
de la Fanfare de Munster... Que d'agitation inutile ! Mais la guerre aussi a ses coups de théâtre :
je suis mis à la porte par la brigade elle-même,
qui s'installe dans la cure et nous déloge. Nous
délogeons à notre tour le bureau du bataillon, où
tous les soldats qui touchent dans le civil un trai-
tement de l'État arrivaient se faire inscrire, rangés
par ministères, ou à peu près, car un cantonnier
s'est faufilé dans les beaux-arts, puis dans les
colonies. On a pitié de lui, et il passe le premier,
mais il s'obstine à appeler la guerre des manœuvres. — Avant les manœuvres..., explique-t-il. —
Après les manœuvres..., réclame-t-il. On n'y
comprend goutte et on le met à la porte.

Laurent décide, malgré nos réclamations, que
la poule ne sera que pour le soir. Mais des émis-
saires m'ont averti que Jalicot avait une poule du
matin. Je le rejoins dans la chambre basse et mal-
propre où la femme d'un grenadier impérial fait
sa cuisine. Il y a un troisième convive que Jalicot
me présente par ses qualités civiles : il est inventeur de serrurerie, dans une maison excellente,
qui a déjà quatre inventeurs. C'est lui qui a

perfectionné la vis à encoches multiples. Longue discussion sur les cadenas, puis sur la littérature, car Jalicot m'a présenté comme une sorte de collègue littéraire : j'ai inventé plusieurs livres. Notre hôte, sans être ennemi de la littérature, la blâme de ne pas être un instrument précis. Y a-t-il un littérateur capable, en récitant deux lignes ou deux vers à un passant, de le faire changer de couleur, de le faire éclater de rire, de le tourner vers le vice ou vers la vertu ? Si oui, il retire tout ce qu'il a dit. Y a-t-il des formules qui frappent les hommes comme le mot Sésame, autrefois, ouvrait les portes ? Je tiens le pari de lui donner une émotion en trois mots et récite le début de la vieille chanson : — *Saint Pierre cherchait un mot pour son cadenas*. L'inventeur sourit... C'est très beau... Il se rend. Il avoue que, d'ailleurs, il était de mauvaise foi. Lui personnellement ne peut prononcer de vers sans avoir, comme les gens qui chantent, les yeux avec des larmes :

> « Dans le vallon qui doucement s'éclaire,
> Un corbeau noir sur la neige est tombé. »

Il pleure vraiment un peu. Il nous quitte, sa section doit faire l'exercice à une heure... c'est la guerre.

*
* *

... C'est la guerre. On ne me fera pas travailler de l'après-midi. Sur ce dimanche alsacien, morne, privé d'hommes, et sans doute de vêpres, joue un dimanche français, privé de femmes, mais qui remplit de bleu et de rouge tous les coins vides de l'autre. Les soldats ont réussi à apprivoiser le village, les habitants sortent officieusement de leurs armoires, pour le faire admirer, tout ce qu'ils n'ont pas osé revêtir officiellement ce matin : les femmes, leurs jupes et leurs nœuds noirs, les hommes leurs vestes à boutons, le curé ses chasubles... C'est la guerre, avec son ciel bleu, ses canons grondants, ses pigeons qui s'entraînent autour du clocher sur la piste même des martinets. Je vais m'étendre dans la prairie, sous un pommier aux pommes vertes et dures. Je peux dormir au-dessous d'elles, je peux les contempler sans crainte, et même sans l'appréhension d'avoir à inventer, l'une tombant, les lois du monde. C'est la guerre dans sa quatrième semaine, au dimanche exact où elle aurait dû s'adoucir et devenir la chasse. C'est le fond clair de la haie qui devient subitement rouge, quand une section passe sur la route ; la compagnie de piquet qui s'exerce dans le champ voisin à charger à la baïonnette en criant : « Vive la classe ». Ce sont mes camarades inoffensifs des manœuvres, armés soudain de bombes, de grenades. C'est, à peu près toutes les heures, un revolver qui part dans les mains d'une ordonnance maladroite, et qui donne aux soldats parisiens l'impression qu'on est près de la Tour Eiffel et qu'il est midi. Puis, si on se lève enfin aux cris de Laurent qui appelle pour le rapport, c'est un chemin tournant au-dessous d'un mur couronné de roses ; au-dessus du mur, une terrasse; au-dessus encore, le cimetière... Il faut être civil pour se faire enterrer si haut! Là, c'est le calme que donne un petit chemin de croix qui n'a que quatre stations et où Jésus meurt sans être encore fatigué, les joues bien roses ; c'est le désespoir très adouci qu'inspirent la colonne brisée au-dessus du fils Moser, la colombe dorée au-dessus de la fille Mayer, l'inscription de Hans Hermann, né en 1870 et mort hier, pauvre et noble vie, qui n'a pu loger tout entière en Allemagne. Un Durand est venu aussi reposer dans ce cimetière. Chers Durand, et vous, chers Dupont... chère France!

*
* *

Déjà vingt jours de campagne, déjà deux semaines sans lit, sans linge blanc, sans café vraiment sucré, sans pain vraiment salé; — Petipon, tombé de congestion au pied du drapeau; — trois

gros réservistes évanouis sur la route de Vesoul ;
— la pluie de Lure, qui a collé toutes nos cartes-
lettres neuves et qui n'est pas encore séchée —
les lignes de tramways, de chemins de fer se reti-
rant peu à peu de nous comme se rétrécit un
nerf coupé ; — tous les drapeaux alsaciens, blanc et
rouge, du district d'Altkirch, découverts chez un
patriote par Poirier, qui crut avoir pris d'un coup
cent drapeaux allemands ; tous les noms de Wissembourg, de Freschwiller, de Reischoffen, recou-
verts pour toujours dans notre mémoire par de
petits noms simples et pacifiques : Saint-Cosme,
Bellemagny, comme les stations du Métropolitain
dont on change les noms prussiens ; — peut-être
avons-nous fait notre devoir envers l'héroïsme,
envers la guerre. Nous avons vu tout ce que nous
attendions d'elle, un chasseur d'Afrique cassant
du biscuit avec le pic d'un soldat du génie ; un
zouave endormi sous un porche alsacien ; un
général au galop saluant un général à pied ; à
une table d'auberge, réunis, tous ces grades que
nourrit en secret la paix et qui n'ont d'uniforme
que quand la France se bat : un colonel de télégraphistes avec un colonel trésorier ; — confondus
dans la plaine alsacienne ces vingt uniformes
qui donnent vingt visages et vingt vertus au courage militaire, et qui mélangent d'un coup, dans

l'esprit du sergent rengagé qui sait les garnisons, toutes les sous-préfectures, y compris les algériennes; chaque arme passant à l'autre arme son insigne, un chasseur à pied accoudé sur un canon, un fantassin sur un cheval blanc, un vieux landeau plein de cuirassiers, un bataillon d'infanterie manœuvrant aux trompettes, spectacles d'une ambiguité plus aiguë pour nous que, pour un savant, Andromède en Bacchus, Hébé à cheval ; le suffixe « en Alsace » ajouté à toute pensée : « Je suis étendu en Alsace », « Je fais le résumé du jour en Alsace », à tout grade : « Je suis sergent en Alsace! »... peut-être la paix pourrait-elle maintenant revenir! Michal qui m'a rejoint, est lui-même plus calme et a signé, pour tout le soir, un armistice. Il me dit des paroles un peu incertaines, mais au fond qui veulent dire : — Si nous étions battus, nous serions des rares Français qui ont pénétré en Alsace. Assurés de la victoire, nous caressons égoïstement cet espoir de défaite. Nous éloignons le plus possible de la guerre notre bavardage; nous parlons de l'Amérique, des îles de la Sonde, où il voudrait aller; puis nous tenons à en écarter nos corps mêmes. Nous gagnons une prairie isolée, d'où l'on ne voit plus le chœur gothique de l'église, où nous jouissons d'une Alsace pure de nostalgie, de souvenirs,

près d'un ruisseau qui coule ; à l'ombre d'un
vergne que le vent agite. Nous ne voyons que des
génisses, un chien, des faneurs ; nous ne voulons
prendre de l'Alsace que ce que nous aurions pris,
par un semblable jour d'été, au Berry, au Niver-
nais, un peu de chaleur, et, pour notre tête, un
peu d'ombre. Vainqueurs modestes que nous
sommes, nous ne regardons point le soleil en face.
J'effraye Michal comme on effraye une cousine en
Normandie, avec l'aide d'une rainette, d'une arai-
gnée. Il cueille des herbes pour son herbier et me
dit leur nom savant: nous n'avons plus besoin
que d'interprètes de latin. Pourquoi nos culottes
rouges, dès que nous nous relevons un peu, font-
elles un premier plan désastreux à toute cette
verdure et à ce calme ? Pourquoi ce bœuf impas-
sible, et qui ne rumine même pas, semble-t-il
attendre, pour ne pas brouiller l'herbe française
avec l'herbe allemande ? Ce n'est pas par lâcheté,
c'est par une immense modestie que l'on renonce
ce soir à la guerre, au carnage, à sa mort, à la
mort surtout des autres, des camarades qu'on a
jetés pêle-mêle et joyeusement dans le mois d'août,
avec l'espoir de les retrouver chacun dans une
ville de Prusse différente. Je les retiens tous autour de moi. Je ne veux perdre personne. Tous
ces souffles de mort, que je sens effleurer la tête

de Michal, en nous allongeant dans ce pré, ils s'éteignent, et ces souffles sur moi de vie plus ardente. Restons ce que nous étions en juillet, le dernier jour de juillet, lui, ingénieur à Lens, moi baigneur à Châtelguyon. Restons-le, s'il le faut, toute notre vie, sans demander l'avancement de Lille ou de Vichy. Acceptons que le courage militaire demeure l'apanage d'une caste enfantine et bruyante, et ne se répande pas, comme l'a fait la Légion d'honneur, son insigne, parmi les professeurs, les contrôleurs, les peintres... Six heures. Le canon se tait, le cœur n'est plus jaloux et bat plus lentement. Je ne veux pas me faire illusion, mais je crois bien sentir passer une seconde où, malgré la guerre et malgré les moyennes municipales, personne en France n'est mort, personne n'est né...

Mais on sonne au vaguemestre. Il fallait la guerre pour qu'on distribuât un courrier le dimanche après midi ! Mauvaise humeur de Devaux ; il n'a qu'une carte de sa femme, qu'il a épousée la veille du départ : Elle aurait vraiment pu lui écrire une lettre.

Aspach, 24 août.

Dormi à cinq sur un matelas dérobé par Devaux, qui a été moralement forcé de nous inviter, et personne n'a refusé l'invitation. Allusions aux nouvelles mariées. Sommeil impossible pour quatre, car Laurent ronfle. Nous vérifions enfin sur lui l'affirmation classique des ronfleurs qui ne ronflent, prétendent-ils, que couchés sur le dos. Les ronfleurs sont des menteurs : Laurent ronfle quand nous le tournons sur le côté droit, et sur le côté gauche, et sur le ventre. Nous nous étendons à l'écart sur le parquet ; pas de punaises, comme nous le craignions, mais, vers minuit, un cheval qui s'est détaché, qui est entré dans la maison, et qui nous flaire ; il reçoit une gifle et disparaît en glissant. A une heure, les cuisiniers s'installent dans notre cour. Il n'y a plus à lutter. Ils chassent tout ce qui nous restait d'engourdissement et de tranquille conscience, avec le bruit recommandé en Algérie pour chasser les sauterelles. Je sors et vais m'asseoir auprès de leur feu, pas le feu où leur café bout, mais leur feu de luxe, car ils établissent toujours deux foyers, comme s'ils faisaient une ellipse et non pas la cuisine. Il y a déjà là trois ou quatre soldats, les uns penchés sur la flamme, les autres lui tournant le dos, car la chaleur est faible et ne traverse même pas la moitié d'un homme. Vers le cœur, on reste gelé. Nous l'entretenons parcimonieusement, allumant chaque nouveau sarment au sarment qui s'éteint, pour que le fagot suffise jusqu'au matin, comme on allume des allumettes pour descendre d'un sixième. Mon tambour, qui a le visage illuminé, discute avec un soldat qui a le visage sombre ; il termine une histoire dont je n'entends que les dernières phrases : « Je le tue avec mon képi de plomb » — « il avait au moins six mains » — « son sang était de l'or ». — Ces gens-là racontent leurs rêves, mais j'ai eu une seconde l'impression que le peuple a un langage de la nuit, sans logique, inhumain... Parfois le sarment est vert et nous enfume, mais fumée est toujours un peu chaleur. Une petite étoile française, jusque-là immobile, nous fait tout d'un coup mille signaux. Vers trois heures, un adjudant passe pour faire éteindre les feux inutiles. A Paris l'on éteint en ce moment un bec de gaz sur deux, mais nous n'obéissons pas ; nous nous taisons ; enfin celui de nous qui est le soldat faible, qui tuera sur ordre les chiens blessés, qui brisera les bouteilles d'alcool confisquées, étouffe notre feu en le battant avec le sarment qu'il allait y mettre. Nous restons autour de la cendre, jusqu'à ce qu'elle soit froide. Nous touchons de nos doigts le dernier charbon. Puis l'aube arrive, par une porte qui laisse aussi passer une bise aigre. Nous relevons nos cols, nous resserrons nos cravates. Un coq chante. Une fois seulement, et c'est le jour. L'Alsace? Nous n'avons à la renier qu'une fois.

*
* *

Matinée longue. Je suis désigné officiellement pour acheter l'ail, les oignons et les échalottes du bataillon, car les légumes ont des noms vraiment trop compliqués. A huit heures, ordre de préparation au départ. Nous avons quatre heures d'attente, sac au dos, l'arme au pied. Le réveille-matin de Clam sonne dans son sac, un revolver part derrière nous, les officiers s'énervent et m'interdisent de me débarrasser de mes oignons. Il m'en reste cinquante bottes, que je passe finalement à la même compagnie. A midi, la division se décide à nous envoyer le papier du départ.

Le ciel aussi a pris une décision. Il sera bleu dix minutes et brouillé les dix minutes suivantes. Les nuages, au lieu de ressembler à l'Asie, à l'Angleterre, imiteront des camarades à nous; voici Bernard avec sa barbe, voici le lieutenant Pattin avec son œil en tirelire. Nous suivons un chemin de vallon, et nous en sommes désolés, car les grand'routes seules mènent aux villes. Il paraît cependant que nous allons sur Fribourg. Le régiment tourne, serpente, de sorte que nous le voyons

en entier, chacun de notre place, pour la première fois, comme on voit le train dans la montagne. Un soleil Louis XIV, aux rayons obliques,
réserve tout son or pour la compagnie hors rang.
Les sapeurs étincellent, les télégraphistes flam-
boient, l'artificier éclate. Depuis que le colonel
m'utilise comme interprète, je me place pendant
les marches au premier rang de la compagnie de
jour, en serre-file aux quatre hommes de tête.
Comme il y a huit compagnies et que les soldats
ne changent jamais de conversation, je reprends
à chaque marche la conversation interrompue
voilà huit jours, et cela me fait trente-deux camarades nouveaux, les trente-deux plus grands du
régiment, qui me hèlent quand je passe ou me
disent bonjour dans les bivouacs. C'est aujour-
d'hui la dix-neuvième, où l'on parle de la guerre.
Les hommes se passent les conseils de leurs pères
qui ont fait 70 — couper les boutons de culotte
des prisonniers — mettre des journaux dans les
souliers quand il gèle ; toute une science anodine
qu'il aurait bien fallu un jour pour apprendre :
la guerre de 70 raccourcira celle-ci de juste un
jour. Je me laisse glisser à la compagnie suivante, jusqu'au petit Dollero, mon camarade
préféré, qui a vingt ans, le seul soldat de l'active
dans ces trois mille réservistes, petit poète enfoui

au milieu de la vingtième, et qui obtient de se
mettre au bord de la compagnie quand je lui
rends visite. Il croit aussi que nous allons vers
le Rhin, bien que nous marchions face au soleil,
c'est-à-dire vers l'Occident. Poète de l'active qu'il
est, il m'avoue qu'il compose des éloges depuis le
matin, il est dans ses jours d'éloges, pas d'éloges
en vers, m'explique-t-il, mais en prose rythmée,
par versets. Il a fait aujourd'hui l'éloge de Petipon, celui du colonel, celui de notre engagé
cubain : — *Cuba, dont nous ignorons la vraie forme,
car seule la première carte de Colomb y est permise
et pour effiler l'île, Colomb fit cinq voyages.* Il me
les récite. Il se propose de composer, comme
préface, l'éloge des éloges. Puis, soudain muet, il
me contemple avec des yeux si lumineux, si insis-
tants que je devine son projet, que je me sens
ma propre louange, et que je n'ose pas plus faire
de gestes, par modestie, que devant le cinéma-
tographe.

*
* *

Quel bizarre itinéraire ; à quoi peut bien penser
Michal ! Un village coudé, et qui mesure l'angle
droit, nous renvoie soudain vers la France. Puis,
nous remontons, par des raccourcis, au Nord, puis,

par un bout de route nationale, à l'Est. Nous avons l'air de vouloir échapper à une armée française, ou plutôt à un aimant français qui nous guette dans la trouée. Nous voyons avec joie la montagne s'élever entre Belfort et nous ; nous nous barricadons avec les Vosges contre cette force qui nous pousse à revenir à la France. Nous ne savions pas qu'aujourd'hui c'était Charleroi. Nous tenons à l'Alsace comme à une richesse, et nous ignorons cependant que ces petits bois sur la droite sont les bois de Nonnenbruch, qu'ils valent au plus juste, à cause de leur potasse, quatre-vingts milliards. Tous les arbres, tous les bosquets de ce pays lourd s'allègent, jettent leurs ombres comme du lest, et bleuissent. Un vallon à mille plans, au bas de chaque descente, s'éclaire et s'éteint par degrés ; toutes celles des feuilles qui seront jaunes dans un mois sont inondées de soleil. Sur les ardoises des clochers, un rayon mal taillé s'effrite. Aux carrefours, des plaques tentatrices indiquent Colmar, Strasbourg, Fribourg, avec le nombre de kilomètres le plus réduit, en évitant d'atteindre un chiffre rond, comme dans les grands magasins : 59, 99, 119. Nous traversons un ruisseau rapide qui porte son nom sur le pont comme sur son collier, c'est la Doller. Au delà du pont, une maison isolée, comme en France ; un jardin clos

de murs, comme en France. Nous n'y étions plus
habitués et nous avons presque peur pour cette
maison si seule. Tous les hommes l'ont remarquée et sentent soudain en eux, encadrée, leur
maison d'Auvergne et leur pré. Pas d'autre incident jusqu'à la nuit, si ce n'est l'arrivée au galop
du général, furieux, qui vient demander au capitaine Flamont pourquoi il a fait ranger sa compagnie à gauche de la route ; il y a un cheval
mort à droite, le cheval du général repart plus
vite qu'il n'est venu. Vers le soir, à l'heure où
des bambins, avec des adjoints centenaires, distribuent le *Temps* dans Paris, le vaguemestre de
la brigade passe à bicyclette le long du régiment et donne à chaque sergent-major le *Bulletin des Armées*. J'admire la première phrase :
— *Aujourd'hui, 3 août, rien de nouveau. L'Angleterre déclare la guerre à l'Allemagne.* Bonne année
que la nôtre pour les éphémérides ! Le bulletin contient aussi — déjà — le récit d'un
ténor de l'Opéra-Comique, qui s'est trouvé dans
une bataille : « J'aurais préféré, conclut-il,
chanter la Tosca ». Que de périls la vie recèle
pour un ténor ! A huit heures, arrivée à Aspach.
Je quitte Dollero tout heureux car, au milieu
de ses éloges, il a, prétend-il, trouvé une épigramme, inspirée par Epitalon, le maréchal des

logis du commandant Gérard, qui a envie de
se fiancer :

> Fasse qu'il prenne bientôt femme
> Car, Apollon,
> Je prépare l'épithalame
> D'Épitalon.

Je l'attriste en soutenant que c'est encore
un éloge et pas une épigramme... Mais voici
Aspach. Je m'arrête avec les secrétaires dans
une grande ferme en bordure de la route et nous
nous offrons, pour la première fois, le luxe de
voir défiler notre régiment. Les quatre hommes de
tête, le visage de chaque compagnie, me font un
signe d'entente, à part la compagnie des oignons,
qui tout entière me sourit.

*
* *

Enfin une femme ! Jusqu'à ce jour, — nous
n'avons traversé d'ailleurs que des villages ou
des fermes — de vieilles paysannes seulement et
des gamines, celles qui meurent en garnissant
des lampes, celles vêtues de pilou. Jamais ces
grands yeux bleus, ou noirs, ou fauves, jamais
ces hanches libres, ces ombres sur des pom-
mettes veloutées qui nous donnaient, pendant les
manœuvres, dès les faubourgs, l'impression de

conquérir Clermont-Ferrand ou Issingeaux. Jamais
ces chemisettes, ces jupes de velours bordées de
ruban rose que le soldat attend à la frontière des
contrées que l'on personnifie par des femmes.
Nous avions pourtant pris le soin d'entrer en
Alsace un dimanche. Où devions-nous donc
retrouver l'Alsacienne des cartes postales, celle
du soir de la mobilisation, sur les boulevards,
la seule que connût le régiment, à part une
vieille dame de Strasbourg, que moi je connais
en plus, qui fait de l'aquarelle et devait se
mettre à l'huile quand la guerre éclata? Nous
n'étions pourtant, à notre arrivée, que les envoyés
des femmes ! Que de femmes, de Roanne à la
frontière ! Sur notre passage, aux arrêts de nos
trains, appartenant à chacun, esclaves de chacun,
courant du passage à niveau à la ville — cela des-
cendait — pour remplir vingt bidons qu'elles
avaient pris vides et qui pesaient vingt kilos au
retour — cela montait ; ne se retenant pas de
donner deux billes de chocolat à chaque homme
— au lieu d'une — et désespérées d'avoir épuisé
deux fois plus tôt leurs provisions ; bourgeoises,
paysannes, fillettes nobles, alternant au bord de
la voie comme dans la vie d'un voyageur illustre,
institutrice dont chaque élève avait écrit un billet
d'espoir aux soldats inconnus ; bouchère, dont l'éta-

lage était distribué, qui pensait soudain à ses confitures et courait à ses armoires; jeunes filles brunes, souples, dévorées par la guerre, dans une gare de mineurs, qui changeaient déjà le premier billet de cinq francs, ce billet qu'elles devaient garder toute la vie comme souvenir; cousines timides qui entr'ouvraient sans bruit notre wagon endormi, vers deux heures du matin, et frémissaient de joie en le voyant subitement se secouer, descendre sur le quai sablé, enfouir dans ses musettes un chocolat dont elles nous disaient orgueilleusement la marque, car il faisait si sombre; statue blonde, tête d'or, qui scrutait et reconnaissait chaque visage, et qui me refusa un second verre de vin, bien que j'eusse fait à nouveau la queue; épouse, qui regardait les autres sans les aider, sous les acacias lumineux, anéantie, mais qui voulait nous voir, qui se refusait à nous confier, par tristesse ou par pudeur, le numéro du régiment de son mari, sanglotant quand elle l'eût dit; formant haie jusqu'à la frontière, toutes à un mètre de nous, — à part une jeune fille de Montceaux qui ne voulut jamais s'approcher — toutes les femmes, en somme, qui se cachent les unes derrière les autres dans la vie et dont nous n'apercevons que les plus grandes. Tout ce qu'ils n'avaient pas vécu passa ainsi, avant les périls,

sur les yeux de ces soldats ; les bourrus repas-
sèrent une vie enthousiaste, les égoïstes une vie
généreuse, les faibles une vie de décision, car on
avait cinq minutes pour se connaître, donner
son adresse, pour regagner son train, partir. Mais
où pouvaient bien être les Alsaciennes ? Permet-
traient-elles que l'Alsace, dans notre esprit, devînt
un pays masculin, un Berry, un Poitou, une province devant laquelle on ne s'effacerait pas si on
la rencontrait en personne à une porte, pour la
laisser passer d'abord. Allaient-elles laisser s'effacer ces tableaux enfantins de l'école qui ont uni,
dans notre mémoire, et confondu, une petite Alsacienne, une Romaine élevant ses fils et une Océanie
de douze ans, toute nue ! Trinité scolaire, qui souvent m'oppressait d'une nostalgie égale. Pardon-
nerai-je à l'Alsacienne de se cacher, elle qui doit
avoir maintenant mon âge, alors que j'en ai
voulu, bien souvent, de n'avoir pas fait pour moi
cet immense voyage à la petite Océanie ?

Enfin la voilà. Elle est venue seule, avec un
bambin de trois ans qui ne ressemble à aucun
continent, mais bien, avec son raisin et ses poires,
à une saison. Elle me le montre avec toute la
fierté que peut avoir un symbole féminin d'avoir
mis au monde un petit mâle. Elle est jolie,
fraîche, avec un visage large sur lequel le regard

peut errer sans tomber aussitôt à droite, à gauche,
ou dans les yeux. On peut ne pas la regarder tout
à fait en face sans paraître faux. Elle s'appelle
Müller, comme il convient, mais son prénom est
parisien, Fabienne. Elle a les cheveux en ban-
deaux, sans nœud noir. A cause de son léger
accent on devine d'ailleurs dans l'armoire sa vraie
coiffure et son vrai prénom. Nous parlons de la
guerre, pendant qu'elle nous fait elle-même une
omelette, de quatre œufs seulement pour quatre,
car elle nous donne à chacun ce qui nous revient,
et rien de plus ; elle sait qu'il passera d'autres
régiments, règle sa générosité comme une intendance et n'emploie pour chaque régiment que les
œufs de l'avant-veille. Tout est à nous, mais à
nous tous. Dans chacune de ses paroles, on
voit ce sens de la guerre auquel on reconnaît
l'Alsace : heureuse de nous voir, elle admet que
nous sommes cette fois vainqueurs, mais elle a
déjà l'appréhension d'après la guerre, et le pres-
sentiment que, dans vingt ans, dans trente ans,
les Prussiens pourront la reprendre. Elle songe à
la seconde revanche ; elle nous conseille de nous
préparer.

En attendant, elle m'offre pour la nuit un
canapé, dans son salon. C'est un salon de Strasbourg, mais sur lequel s'éparpillent les souvenirs

d'un seul voyage de deux jours à Paris, une tour
Eiffel, une vraie, avec un dessous vert, la photo-
graphie du pont Alexandre sur un coquillage, le
rappel de tout ce qui a donné aux Alsaciens,
depuis quarante ans, l'occasion d'être fiers de
nous. Seul, un coquillage du Tréport a été acheté
par amour du beau, et peut-être aussi ce cornet
à fleurs en nacre. Que les coquillages se font voyants
sur les montagnes ! Nuit agitée. A chaque réveil,
la lune me montre sur la table, entre la Tour
Eiffel et moi, une longue jumelle allemande,
posée sur ses plus petits verres. Si je la retour-
nais, la Tour reprendrait sa vraie hauteur. A minuit, Auflit se réveille avec la soif, mais se rabat
sur la faim, car nous n'avons qu'à manger. A trois
heures, Bardin arrive transi. Nous le roulons dans
le tapis et nous asseyons sur lui pour le réchauffer.
Nous avons l'air de jouer les *Mille et une Nuits*.
Mais déjà la nuit, notre quinzième nuit, s'achève.
Il fait jour. Nous nous précipitons tous trois vers
la grange pour trouver l'œuf d'une poule qui
chante, ayant trouvé le moyen de pondre entre
les deux premiers cris du coq. Tant pis pour les
soldats d'après-demain... Bardin le gobe.

25 août.

Alerte à quatre heures. A cause du soleil, sans doute, qu'on n'attendait pas aussi éclatant. Pas un nuage, pas un souffle. Chacun prédit tout haut qu'il va faire beau et est enchanté de l'apprendre du voisin. Les hommes se déshabillent pour se laver et font queue aux pompes ; la plaisanterie habituelle est d'éclabousser Ragueton, qui a des pantoufles en tapisserie. Des portes, où les rayons du soleil entrent horizontalement, ressortant par la porte du fond, nous nous interpellons entre sergents, car une humeur de caste, le matin, nous pousse à ne parler qu'à nos égaux en grade. J'envoie au diable mon caporal qui, le soir, est insolent, mais qui, à l'aube, ne s'y fie pas. Un brave commandant fait pivoter là-bas son secrétaire, chaque matin professeur consterné, qui regagnera graduellement dans la journée son importance, comme s'il reprenait chaque jour sa licence à midi, son agrégation à quatre heures, si bien que le commandant, plein de considération vers le crépuscule, l'invite toujours à dîner. Les sergents distribuent des boutons, du savon, du cirage, saluant les autres sergents sans attendre la réponse.

— Ça va ?

— Et toi ?

— Allons, tant mieux !

Les adjudants font boire du lait à Forest, en le lui versant de très haut dans la bouche.

— Forest boit du lait, crient-ils aux autres adjudants, et tous lui hurlent mille compliments : qu'il est beau, qu'il a toutes les femmes qu'il veut, qu'il a eu Juliette...

— Je bois du lait, tente-t-il de dire, mais l'adjudant verse toujours.

A cinq heures, le régiment est prêt. De temps en temps passe l'ordre de mettre sac au dos, puis, dix minutes après, l'ordre de le reposer. Promenade coutumière des clairons et tambours, qui ne savent où se placer et que chaque capitaine expédie au bout opposé du village. Ils vont à la mairie, au presbytère, au château, comme les fanfares le matin du 1er janvier, en province. Les mulets des mitrailleuses, demi-ânes qu'ils sont, s'échappent, et renouvellent à leur profit l'esclandre du Spionkop. C'est pendant ces heures d'attente que les Roannais déclarent enfin comprendre la défaite de 70. Visites entre compagnies voisines ; un soldat élégant, aux moustaches gommées, vient demander cérémonieusement au caporal Pierlit s'il est parent, dit-il, de la divette, s'excuse et part très fier, comme après une visite dans les coulisses de l'Eldorado. Une diversion : le vaguemestre annonce à bicyclette qu'il va ramasser le courrier. Tout le monde tire son crayon et s'assied. Les moins lettrés s'étendent pour écrire. Ceux qui restent debout sont des égoïstes ou des orphelins. Les cartes achevées, on met au courant les carnets de route. Barbarin me demande le mien, pour copier ; je le lui passe sans discuter, car il ne comprendrait point un refus, et il transcrit avec joie : *Aspach. Maisons brûlées. Fabienne. Tour Eiffel.* Je lui explique que Fabienne est le nom de mon hôtesse. Il l'avait deviné, et qu'elle est immense et maigre. Il me fait lire à son tour son cahier, où il n'a trouvé à inscrire jusqu'ici que les mots d'ordre et de passe : *19 août, Napoléon. Namur.* — *20 août, Samain. Solférino.* — Au début, cependant, il a écrit un court résumé de la situation, comme en-tête des feuilletons : *De la classe 1907, je rejoins le dépôt de Roanne le 1ᵉʳ août. La guerre doit éclater entre la France et l'Allemagne le lendemain, 2 août. Le 3 août, surlendemain, elle éclate entre l'Angleterre et l'Allemagne.* Il m'offre de copier, si j'y tiens.

A huit heures, enfin, départ. Je laisse à la garde d'un lieutenant d'artillerie quatre droguistes à bicyclette, d'allure allemande, qui prétendent aller à Mulhouse, leurs communes manquant d'aspirine. Ils affirment aussi, sur nos observations, qu'elles n'ont pas non plus de pyramidon, ni de quinine. Jalicot veut leur bander les yeux, mais ils protestent avec politesse, s'excusant, comme si on leur offrait un bandeau d'eau sédative : c'est de l'aspirine qu'il leur faut. Le lieutenant d'artillerie cligne des yeux à mon adresse :

— Je ne les lâcherai qu'après la retraite, dit-il. Le colonel est derrière nous.

— Quelle retraite ? demande-t-il, furieux.

Jalicot confisque les bicyclettes des droguistes, qui ont souri. Le lieutenant, au garde-à-vous, cherche un synonyme à retraite. A quoi bon ? Nous savons maintenant que notre campagne d'Alsace est finie. Les chefs savent qu'on nous ramène en France. Les soldats comprennent, — c'est si facile à comprendre ! — que, comme il n'y a plus de résistance en Alsace, on n'a plus besoin de s'y battre. Nous sommes heureux de marcher vite, d'être sur la route nationale, qui mène de la nation badoise à la nation française. Les officiers viennent me rendre mes cartes. A chaque halte me reviennent, un par un, Colmar, Strasbourg, et j'ai droit à nouveau aux fantômes de mes cités. Déjà j'ai ouvert mes cartes de Belgique. Déjà je parle d'Anvers avec Jadin, cuisinier de paquebot, qui se croit obligé, parce que je suis interprète, de parler anglais. Il était à Portland le jour où la paix fut signée entre la Russie et le Japon. Lui, Jadin, pour qui le voyage est terminé, quand on a effleuré New-York ou Le Havre, prétend que la guerre est finie, parce que nous avons touché Mulhouse.

— Comme on dit, dit-il, war is finished.

Où dit-on cela, à Portland ? Il n'y a de fini que cette campagne d'Alsace, d'où nous sortons un peu meurtris par deux semaines ternes et inutiles. Nous l'abandonnons, mais pas sans l'impression qu'elle nous abandonne.. Chaque verger, chaque platane, nous semble rejoindre derrière nous la forêt de la Harth, qui nous a barré le chemin, et se masse avec elle. Déjà des inconnus fauchent les blés des champs allemands, qui, seuls, étaient restés debout, leurs maîtres s'étant enfuis. Un à-gauche brusque et, en moins d'une heure, nous serions en France. Les hommes regrettent seulement de ne pouvoir rattraper une voie romaine, marquée sur la carte. Dès que la route s'élargit, résonne, ils prétendent la reconnaître.

— Ce que le pied peut fatiguer moins ! disent-ils à mon adresse. C'est là, sûrement !

Mais César a préféré marcher à l'ombre et contourner le petit bois.

Soudain, devant nous, au seuil des mon-

tagnes, apparaît une ville. C'est si nettement une
ville, la ville des écriteaux d'école, mi en plaine,
mi en montagne, que nous doutons d'y pénétrer.
Au-dessus d'elle, un château-fort, les tours encore
presque intactes, mais renversées horizontalement, comme dans les mirages qui n'ont pu tourner tout à fait. Jamais l'état-major, qui nous fait
éviter jusqu'aux chefs-lieux de canton, ne nous
permettra de pénétrer dans cet exemple de ville,
avec sa cathédrale ogivale au milieu, ses usines
à droite, ses toits de tuile à gauche. Le capitaine
Perret nous confirme que c'est une ville, que
c'est Thann. L'écriteau, qui ne nous avait parlé
jusqu'ici que de cités éloignées, nous annonce
soudain : Thann, 2 kilomètres. Déjà, les maisons
se touchent, avec des jardinets et des grilles.
Nous interrogeons.

— Et ici, où sommes-nous ?

— A Thann !

— Mais là-bas, sur la droite, toutes ces usines ?
C'est Cernay ?

— C'est Thann.

Quelle ville immense ! Peut-être aussi que nous
ne sommes plus habitués à voir de villes ! Et les
balcons ? Peut-on imaginer plus gracieux et plus
commode que les balcons ! Et les seconds étages,
si dangereux en cas de chute ou d'incendie, mais

si clairs ! Et les jardins d'horticulteurs, avec un
piège à loup par massif, mais d'où femmes et
enfants d'horticulteurs se précipitent avec tant
d'élan, qu'ils sont les seuls à oublier de nous
offrir des fleurs. Sur les trottoirs — que de choses
aussi à dire des trottoirs ! — s'amassent tous ceux
qui sont prêts à neuf heures du matin, les jeunes
filles, les enfants, les infirmes, tandis que, de
l'arrière-cour, les mères et les servantes, en
caraco, lèvent les bras. Mais je mens : voilà des
hommes en redingote, des femmes en toilette qui
se sont levés et habillés exprès pour nous. Thann
entière nous acclame, si soudainement, si bruta-
lement, que d'abord nous nous regardons, et
regardons autour de nous quel régiment victorieux
défile, et croyons aussi une minute qu'on fête une
victoire remportée dans le Nord. Cependant c'est
bien nous qu'on regarde, qu'on touche. C'est
bien nous, sergents, qu'on embrasse. C'est bien
moi qu'une vieille dame salue exclusivement de
sa fenêtre, reprenant ses révérences quand je me
retourne, indifférente à tous les autres. Thann
nous acclame comme il dut acclamer les régiments
qui ont passé voilà huit jours en sens inverse.
Peu lui importe. Elle ne veut pas voir que Michal,
les bras pleins de roses, tourne sans hésiter au
premier carrefour et nous guide vers la frontière.

Cela a du bon : si nous allions vers l'Allemagne, nous ne traverserions pas Thann dans sa plus grande longueur. Thann nous oblige seulement à faire notre entrée en Alsace le jour où nous en sortons. Tous les petits espoirs égoïstes qui encouragent une troupe à la vue d'une ville, espoir d'un verre de bière, d'un gâteau, d'un cigare, s'effacent devant une telle émotion Nous traverserons la ville sans boire, sans manger. Nous improvisons une allure guerrière, et nos tambours, nos clairons, éparpillés, se rassemblent au galop devant chaque bataillon. Notre compagnie a eu la chance de se faire raser ce matin : nous nous redressons et répondons au moindre regard par notre visage entier. Joie d'être contemplé par des yeux qui veulent trouver en vous la loyauté, l'esprit, le courage. Nous nous organisons pour cette fête : le colonel fait sauter son manchon et apparaître les cinq galons, le commandant Gérard les quatre, chaque capitaine les trois. Bientôt chacun reçoit d'hommages ce qui est dû à son grade. Nous ne savions point entrer dans les villes, Thann en cinq minutes nous a appris le protocole. Le capitaine Perret, qui jette de temps à autre un coup d'œil sur son Joanne, à la dérobée, par délicatesse, nous raconte que Kléber était ici architecte. Les soldats regar-

dent maintenant chaque maison comme si elle avait été construite par Kléber, ou, si leur mémoire est mauvaise, par Marceau, par Hoche.
— Et la cathédrale, demandent-ils, de qui est la cathédrale ?

Thann, que nous ignorions tous avant la guerre, parce que ton nom, sur la carte, est noyé dans l'ombre des Vosges, porte d'Alsace qu'aucun de nous n'imaginait, et qui se dresse tout à coup, arc de bois et de géraniums, sur notre retour, que nous voulons t'aimer et que tout serait beau sans cet imbécile de Jadin qui s'obstine, sur ma droite, à prononcer ton nom avec le th anglais ! De chaque maison pend un drapeau, un seul, le pavillon de la maison, un vieux drapeau d'avant 70, avec des franges d'or, d'une soie si cassante et si brisée aux plis gagnés dans l'armoire, que le vent le plus modeste le secouerait en petits carrés. Tous immenses, avec des hampes neuves, et l'on a cloué quelquefois le rouge du côté de la hampe, ce qui rend le drapeau plus lourd, plus grave, mais tous si fragiles que son maître surveille chacun, comme des lampions un jour de fête, pour qu'ils ne s'éteignent point. Au balcon, la personne âgée ou courbée de la famille, celle qui ne voit que d'en haut et de loin. Thann, qui nous rend soudain l'Alsace, qui nous allège de notre défaite originelle, qui nous donne le sentiment de ne plus être séparés de l'Allemagne désormais par ce corps sans équilibre qui ne pourrait, à cause du poids de Metz, se tenir debout si on la levait, comme tout serait beau sans la pensée que les quatre droguistes essayent peut-être en ce moment dans Mulhouse évacuée, et sur eux-mêmes, car ils sont restés tête nue au soleil, l'aspirine de leur commande. Sur le pas des magasins, les boutiquiers nous relèvent du vœu de jeûne, et déversent sur nous leurs boutiques, fiers d'un métier qu'ils n'auraient jamais cru aussi béni ; Balouard, dont le lorgnon était brisé, reçoit de l'horloger une série de toutes les dyoptries jusqu'à 18. Il en a pour toute sa vie, en admettant que sa myopie empire chaque année. Des enfants, qui se sont offerts pour les commissions, reviennent avec le paquet, la monnaie, et cherchent avec angoisse leur soldat, qu'ils ne reconnaissent plus. Artaud, qui est boucher, lève les bras et acclame, derrière un comptoir de marbre, un boucher modeste et laid qui, ne pouvant deviner qu'Artaud est un collègue, se croit soudain un visage sympathique. Un opticien a planté des drapeaux sur une tête de cire, comme sur une carte..., les circonvolutions les plus lointaines, les moins nécessaires : la mémoire des chiffres, l'adresse de la main gauche, sont pavoisées à nos couleurs. Mon soldat le plus lent d'esprit, le bon Bergeot, sent lui-même sa curiosité s'éveiller, demande à son voisin où nous sommes, et l'autre lui crie, pour que les Thannois l'entendent :

— C'est Thann !

Et il crie encore en montrant Bergeot aux Thannois.

— C'est lui ! C'est Bergeot !

Voici des maisons bourgeoises : toute la famille est à la grille, la mère, le père en costume du dimanche, avec des bijoux en or jaune, les enfants se découvrant au passage des officiers. Voici Saint-Thiébaut, que nous contournons pour entrer dans le cœur de la ville. La tour à trois étages penche : toujours la tendance au mirage. Mes soldats, qui sont étonnés de voir l'église plus petite de près que de loin, se demandent si ce n'est pas aussi une particularité de Thann. Du porche nous sort une vieille en noir, qui devait être entrée pour la messe de six heures, et qui lève les bras d'émotion à notre vue. Comme elle tire sa tabatière, Tantôt lui demande une prise; c'est du tabac à la menthe ! nous y puisons tous et éternuons avec vigueur tant que la vieille peut entendre. Voici l'ancien hôpital, devenu mairie. Un gros concierge, un secrétaire rose, nous acclament avec la joie d'un poitrinaire devenu cent kilos, d'un bilieux devenu poupin. Un de nos hommes a trouvé une épingle à chapeau, il la tend au concierge, qui le remercie.

— Elle sera à moi dans un an, lui crie-t-il.

— Je l'enverrai à votre colonel! crie le concierge!

Voici l'école des garçons. Que d'enfants y sont encore, qui ne veulent pas savoir que c'est les vacances, que c'est la guerre! D'abord rassemblés et massés, ils cèdent l'un après l'autre à l'attrait d'un caporal, d'un clairon, d'un fusil, et il ne reste bientôt plus, dans cette cour de garçons, que les fillettes. Des enfants de dix ans, avec de grands cols amidonnés, qui offrent leur tête. Des enfants de cinq ans, auxquels on a dû expliquer le jour même de la déclaration de guerre ce qu'était la France, ce qu'était l'Allemagne ; des enfants avec un chien, un chat, un béret marin, avec le favori qu'ils unissaient dans leur pensée au retour des Français; avec des cuirasses et de petits casques, qui frémissent en portant nos lourdes armes et refusent de nous laisser prendre en échange leur fusil à eux. L'un d'eux a un bandeau noir sur les yeux, et ses camarades le guident. Un médecin cruel lui interdit de nous voir!

— Ce sont des fantassins, lui explique-t-on.
Ils ont des pantalons rouges.

— D'où viennent-ils ?

— De Mulhouse. Tiens, le grand sergent te
donne son calot.

Je lui donne mon calot ; un peu grand, mais il
ne peut s'en apercevoir... Toute la compagnie est
bientôt démunie de ses calots, de ses sifflets, de
ses cartes postales.

— Ce sont des cartes de Roanne, explique-t-on.

— Et vous, demandent les gens, d'où êtes-
vous ?

On entend mille cris :

— De Clermont, de Paris, d'Ebreuil. Nous
sommes cinq d'Ebreuil !

On cherchera cette ville d'Ebreuil sur les cartes,
quand nous serons passés. Voici l'orphelinat. Les
orphelins ont vieilli : ce sont des vieillards,
presque tous assis : la perte des parents anéantit
pour toujours. Voici une fillette qui nous suit,
pénétrant dans chaque maison et ressortant par
une autre porte, comme un feston. Nous marchons
en rangs un peu rompus. Des seaux sont dressés
devant chaque perron, seaux de vin ou de sirop,
suivant que le donateur considère les soldats
comme des guerriers ou des enfants. Seuls, entre
ces habitants et ces soldats grisés, se dressent

immobiles, de-ci, de-là, les groupes de cavaliers au cantonnement, des cuirassiers, des dragons, calmes, et qui regardent leur hôtesse nous acclamer avec l'indifférence d'hôtes légitimes. Pas une porte, pas une fenêtre qui soit fermée sur nous. Les maisons sont même ouvertes par derrière et l'on voit le jardin et la montagne de chacune. Car déjà, toute proche, une haute ligne ondule, et nous suit, et gonfle l'horizon, comme notre sillage. Il est midi. Le soleil qui nous a éclairés suffisamment du côté droit, nous illumine du côté gauche; je m'en réjouis, c'est mon côté avantageux ; et toujours le même cri de Vive la France nous accueille, que les enfants poussent gutturalement comme s'ils en souffraient, qui finit par nous émouvoir jusqu'aux larmes, comme si nous ne le comprenions tout à coup à la centième fois, — Bergeot à la millième, — et auquel nous répondons par le même cri, mais sans accentuer la nasale, pour n'avoir pas l'air d'en faire une traduction.

C'est la sortie des usines, les ouvriers nous escortent, en nous appelant par nos grades, et nous donnent leur paquet de cigarettes auquel nous exigeons qu'ils puisent. L'un d'eux nous adopte et nous escorte, nous expliquant les usines, les parcs, combien les propriétaires ont d'enfants,

les absents et les manquants dans les familles qui
sont au pas des portes : ici, il manque une fille,
mariée en France ; ici, un ancien sénateur français, mort voilà dix ans. Il sourit en apprenant
que nous venons de Roanne. Roanne est justement la ville concurrente de Thann pour les tis-
sages et les impressions d'étoffe. Roanne a fait
baisser ici les salaires ; mais il ne nous en veut
pas. Jalicot lui demande :

— Et les Allemands?

Pour la première fois, on nous donne la réponse
que nous quémandons depuis un mois, une
réponse de la Révolution :

— Nous avons pour eux de la haine. A bas les
oppresseurs ! Vive la liberté !

On l'interroge aussi sur les cigognes, car voici
sur la cheminée un nid à l'abandon près duquel
on installa, pour éloigner les rats, sans doute, tant
que durera le bail, un petit moulin à vent. Il nous
répond avec la précision alsacienne :

— Nous en avions treize l'année dernière. Toute
l'Asace en a deux cent soixante et douze.

Les adjudants du bataillon se rejoignent. Ils
sont ravis : ils ont enfin découvert la ville, cher-
chée vainement pendant quatorze années de manœuvres, où ils prendront pour leur retraite un
emploi civil. Ils demandent s'il y a un percepteur,

un contrôleur. Il y a tout cela, il y a même la douane, la gare. Il y a la pêche, la chasse. A chaque coin de rue, un poteau de tourisme nous indique aussi l'excursion. Les adjudants essayent à l'envi d'épeler les écriteaux.

— Nous irons à l'Engelbourg, nous irons au Thannerhubel ! on peut revenir par l'Alberts-felsen.

Ils trébuchent sur ces mots raboteux.

Mais nous sommes déjà dans les faubourgs. Les maisons s'espacent, se reculent, s'adossent à la rivière ou à la montagne. Avec des jeunes filles au visage rond et aux yeux noirs, nous échangeons les fleurs reçues à la ville contre les fleurs de la campagne. Enfin, on nous laisse faire halte près d'un château dont les propriétaires viennent saluer le colonel. Les jeunes filles sont accompagnées d'une amie, d'une cousine italienne, qu'elles ont habillée avec le costume alsacien, alors qu'elles-mêmes sont des Françaises. Ainsi les jeunes filles de Rouen se croient indignes de jouer le rôle de Jeanne d'Arc et le confient à une actrice. Italienne qui pique un géranium rouge dans chaque canon de fusil, méthodiquement, comme si elle faisait des boutures. Départ. Les hommes se sont mis à chanter. L'impression de cet adieu ou de ce salut a été si forte que tous, ouvriers et paysans, mal éclairés sur nos sentiments, nous la prenons pour une joie. Nous sommes vraiment joyeux. Des chœurs se forment; notre gamelle aussi crie contre l'acier de notre fusil et chacun fait individuellement, sous ce soleil, un bruit argentin à la manière des cigales. Ma compagnie chante le *Chant du Départ*, en modifiant toutefois le nom de Viala au profit de Vialard, notre gros caporal. Artaud, qui trouve cette chanson superbe, vient me demander à une pause de la lui copier. La vallée se rétrécit; il y a de l'écho; ce qui nous fait chanter les *Montagnards*. De temps en temps, des bourgs qui se raccordent; c'est déjà Bitschwiller, c'est déjà Willer, bien que les adjudants soutiennent que c'est encore Thann. Chaque bourg indique loyalement son altitude et la hauteur de la montagne la plus proche. Nous traversons la Thur. Voici Moosch, où notre guide se trompe de chemin pour la première fois et nous met sur la route du ballon de Guebwiller. Cela nous fait un quart d'heure d'excursion. Voici Saint-Amarin, où nous faisons la grand'-halte, dans une prairie en contre-bas de la rivière. Tous les enfants de la ville viennent nous contempler. Nous leur offrons des gâteaux, car nous avons acheté une pâtisserie; ils refusent poliment, ils n'ont pas faim, ils n'acceptent que notre biscuit, qu'ils dévorent. Les plus grands remarquent tout haut ce que les Allemands ne feraient pas : les faisceaux si vite, le feu si vite. Un garçonnet de douze ans, coquettement habillé, me demande toutes les explications que je réclamais dans mon enfance des soldats : s'il y a une différence morale entre les galons d'argent et d'or, comment on distingue l'adjudant du sous-lieutenant, le fourrier du sergent-major. Il avait un peu dédaigné, jusqu'ici, les sergents-majors. Je lui montre le nôtre : Forest, toujours rasé de frais, aux yeux bleus et vifs, à l'uniforme toujours repassé. Voilà un grade sacré pour les enfants de Saint-Amarin... Le clairon sonne : les Allemands ne boiraient pas le café si bouillant si vite. Il demande à ce que je lui envoie un mot, si je suis blessé, et il écrit sur mon carnet son adresse : *Paul Schlumberger, Saint-Amarin, Alsace, France.* Je découvre dans mon portefeuille une carte de visite et la lui donne, bien qu'elle soit cornée, car j'avais trouvé, rue Falguières, la vieille dame que je comptais éviter. Je pense aujourd'hui que Paul ne pouvait y lire que ma rue, et pas ma ville. Mais on devinait que c'était une grande ville et il aurait pu m'écrire dans les onze villes françaises qui dépassent cent mille habitants.

Les Allemands ne se retourneraient pas pour crier adieu... Il pleut par ondées. Les montagnes ramènent jusqu'à leur base de belles forêts bleues sur lesquelles l'eau ne prend point. Les vallons s'élargissent, nous y plongeons des regards curieux, mais l'averse les brouille. Les bourgs sont presque silencieux et l'écho des voix alsaciennes à nos chansons devient plus faible à mesure que s'enfle l'écho de la montagne. Des chemins de traverse débouchent les troupes silencieuses qui n'ont pas passé à Thann et qui cheminent près de notre bruit sans s'y mêler, comme la Saône dans le Rhône. De temps en temps, un soldat s'échappe, pénètre dans une arrière-boutique où sont assemblées de muettes personnes et crie : Vive Thann ! Et les habitants de la ville, ville jalouse de Thann, roulent les yeux sans protester. Nous suivons la voie ferrée, qui n'a plus d'écriteaux, car tous étaient allemands, et où marchent les boiteux qui évitent la bousculade. Près d'un passage à niveau, qu'il ouvre seulement aux éclopés, je rencontre Prosper, maintenant éclaireur d'artillerie. Son cheval, qui est bien connu, qui est Jean de Nivelle, depuis deux heures est de garde derrière cette énorme barrière, et doit se rappeler le départ du Grand Prix. Prosper me fait souvenir qu'à nos vacances avant son bachot je dirigeais son travail et lui avais donné un jour en narration une entrée en Alsace. Il n'y était pas allé par quatre chemins, il était entré par Strasbourg, il avait poursuivi jusque sur la plate-forme de la cathédrale un général allemand, qui s'était précipité dans le vide. Nous rions à ce souvenir... Je ne m'étais pas trop moqué de lui, car j'avais raté, moi aussi, en quatrième, mon entrée en Alsace. Je l'avais faite par les villes de l'autre bord, par Wissembourg, par Freschwiller, d'après les récits de 70, et je décrivais ces villes dans le mauvais sens, comme Chateaubriand pour ses voyages de Grèce. Encore un élan, et j'étais en France... On voyait au bout d'une minute que je n'y étais pas vraiment entré.

La pluie s'est calmée. Nous arrivons à Fellering à six heures et restons avec le 2e bataillon qui y cantonne. Le premier continue jusqu'à Urbès. J'organise le bureau du colonel dans une hôtellerie, avec un cousin du cafetier, missionnaire qui veut absolument mettre des plantes vertes sur la table et laver nos porte-plumes au savon noir. On prend dans l'Ouganda de singulières habitudes. Je rejoins Epitalon et de Fraix dans une autre auberge, où nous dînons. C'est, celle-là, l'auberge allemande. Sa terrasse domine toute la

vallée ; ils l'ont choisie comme ils choisissent un
emplacement d'obusier, et l'on voit tout ce que
peut atteindre l'esprit le plus lourd : la lune, un
château-fort, le clocher. Le soir borde cette terre
alsacienne d'un ciel allemand, tendu et bas, car
c'est la fin du coupon. Une énorme lune, moulée
sur le visage de Simplicissimus. Un vœu gigan-
tesque à former contre les Allemands, si elle
filait. Triste repas aussi que ce souper allemand,
ces myrtilles, cette salade sans huile et ce veau
viennois. Vais-je donc me coucher avec cet
arrière-goût de Prusse sur une journée si pure ?
Pas de bière ; une kellnerin vient nous l'annoncer, en glissant sur ses savates, fille du Rhin
à sec. Malaise de sentir mes camarades et mes
soldats prendre pour l'Alsace ce coin de Brande-
bourg. Ils admirent sans réserve les poutrelles
rouges et noires du plafond, les écussons d'Othon
de Bavière ; ils ne savent pas qu'Othon est fou
et occupe sa soixante-quinzième année à peler
des raves noires ; ils admirent les cartes, qui ont
des biseaux d'or, dont les as ont des photographies de villes, de fleurs, d'actrices, et où ils se
reconnaissent mal, d'ailleurs, car les voilà trois à
avoir le roi. Même diversité dans les allumettes,
dans les cigares, dans les timbres. Habitués depuis
leur naissance aux immuables cartes françaises,

ils ont l'impression que ce pays est celui de la
liberté. Il suffirait seulement d'un signe pour
distinguer aussi ces diables de dames des valets.
Ils bavardent avec la kellnerin, qui sait tout juste
leur répondre, et qu'ils appellent la petite Babette,
alors que son nom est Magda. Ils la trouvent
charmante d'accepter leurs genoux. Ils l'embras-
sent. Celui qui écrit là-bas à ses parents doit
commencer ainsi sa lettre : « Je vous écris dorloté
par une petite Alsacienne ! »

Je couche dans son lit, à l'Alsacienne ; un lit
très court, mais dont le pied est en arceau, de
sorte que mes jambes peuvent dépasser ; un lit
d'otarie. J'y couche botté, mais j'enlève ma capote
et, comme les confettis le matin des Cendres, les
fleurs de Thann tombent sur la descente de lit,
qui les boit et me rend de larges fleurs allemandes,
mauve et grenat. La chambre est damnée : je ne
peux faire un geste qui ne soit celui d'un roman-
tique allemand ; si j'ouvre la fenêtre, comme dans
les tableaux de Schwind, un rayon de lune vient
caresser ma joue droite, mes cheveux, qui pour
la première fois ont frisé, et les cabochons du
vitrail. Je répare mon revolver, lisant à la bougie
une lettre bleue, je suis Werther. Je me venge
sur l'Allemagne moderne, en déchirant ce portrait
de Tirpitz, ce portrait d'étudiant inconnu à trois

balafres, et en cachant les morceaux dans la boîte
à chaussures de Magda, sur l'étagère de gauche.
Là-bas, une trompette assourdie sonne. Et l'écho
trop martial répond par un clairon...

O mes amis, qui êtes en Chine !

26 août.

Lever à trois heures. Il pleut. Bonne journée
pour le crayon-encre. On nous autorise enfin,
comme nous en sortons, à envoyer des cartes
illustrées d'Alsace. A défaut de cartes de Fellering, nous trouvons les vues de la vallée de l'Ill,
celles de Vieux-Brisach, les cartes qu'eussent
expédiées Turenne et les Suédois. Départ à quatre
heures. La kellnerin, ignorante du sort de Tirpitz,
nous fait des signes avec ses avant-bras. Marche
silencieuse sous une pluie de montagne qui ne
pénètre pas nos harnachements, mais qui nous
fait lisses, muets. La route est dure et déchaussée
par les averses. Un ruisseau plat la longe. Aux
vergnes, orgueilleux de border à la fois la route
et le torrent, pendent des ampoules à abat-jour
qui brûlent encore et qui nous font entrevoir,
sous l'eau noire, les truites endolories par l'électricité. Dans les pâturages, des bœufs sont immobiles, debout, respectant l'heure où l'herbe se

relève et pousse le plus vite. La nuit ne se dégage des sapins qu'en y laissant ses nuages les plus noirs, sur lesquels il pleut aussi. Arrêt à Urbès, les mieux éveillés font face à la route, les plus tristes face à la rivière. Le 1er bataillon nous rejoint. Il est gai, et chante, car on l'a fêté toute la nuit. Aux fenêtres, tout ce qui se peut voir d'Alsace vivante à cinq heures du matin, quelques épaules rondes entre des rideaux noirs à fleurs roses, un sein à demi dégagé, un bras blanc qui relève un store, une petite fille entière, qu'on a assise sur la fenêtre et qui lance des fleurs en papier ; un gamin sans veste qui escorte, ce n'est pas un gamin juif, notre vieux tambour ; des chiens de garde, silencieux, car la guerre leur apprend chaque jour à douter de leur métier. Un moulin, une usine, avec une plaque française d'assurances contre les incendies : ils n'ont jamais brûlé ; la douane, où Tantôt se pèse sur la bascule ; il a pris un kilog en Alsace. Le jour est levé. Le général qui galope le long de sa brigade, reproche avec aigreur au colonel d'avoir un bataillon triste et un bataillon gai. Impartial, le colonel passe chaque demi-heure avec l'un, et la demi-heure suivante avec l'autre. Deux vaches à clochette que notre avant-garde a séparées essayent vainement de se joindre par les intervalles des compagnies, tandis que la route s'élève et abandonne les prairies. Le colonel, distrait, cherche en arrière un troisième bataillon, le bataillon rêveur.

Nous allons en France. On nous l'annonce, et les hommes ne s'en inquiètent point. Un départ a toujours le charme du départ. Suivant l'imagination des capitaines, nous allons garder la frontière italienne ; nous allons débarquer au Danemark ; nous rejoignons en Lorraine notre régiment d'active : ma compagnie se réjouit à l'idée de retrouver l'adjudant Orphalin que nous appelions l'Aigu et qui ne parlait que par nombres. La mauvaise humeur des officiers rassure tout le monde ; s'ils étaient ennuyés, ils s'occuperaient moins de nous. Le général continue à harceler le colonel et nous nous passons sa colère, par grades, avec l'impassibilité de boules d'ivoire. Nous montons tellement à pic que le ruisseau qui descend là-bas, avec des précautions, tout écumant, nous fait vraiment pitié ; sur notre droite, la vallée se gonfle ou s'étire ; parfois, sur notre gauche, un vallon, qui s'écoule par un ruisseau. Les montagnes émergent d'un coup, avec leurs sapins jusqu'à la base, d'une terre plate et végétale, et l'on sent sa masse qui se prolonge au-dessous. Menant vers une maison isolée, des sentiers blancs, creusés par le pas d'une seule famille ;

une buse qui plane désigne soudain aux dix mille
hommes de la brigade un pauvre lapin modeste, qui
se croit de tout ignoré. Sur des îlots de granit
— mauvaise affaire pour les patrouilles — des
châteaux écroulés, montrant aux artilleurs comment frappe le temps, d'un seul coup, au point
faible de la voûte, et la ruine ainsi n'est pas
gaspillée. Entre les ballons, un doux arceau de
pentes, qui supportent la route comme des res-
sorts. Avec quelle douceur, lorsqu'elles étaient en
fusion, les Vosges se sont rapprochées et jointes!
Les sapins sont plus beaux sur ces ponts. Autour
de nous, l'Alsace s'abaisse, et les adjudants, qui
ont le droit de se retourner le temps que dure le
défilé de leur compagnie, tentent vainement de
découvrir Thann, à la rigueur Urbès, dans les
bourrelets. D'ici, on devine déjà mieux Strasbourg. Nous n'entrevoyons plus, du pays alsacien, que la plaine où nous avons à peine pénétré,
une ligne brumeuse que les soldats, selon qu'ils
sont chasseurs ou pêcheurs, appellent la forêt de
la Harth ou le Rhin. La pluie cesse. L'état-major
de la division nous dépasse, dans des automobiles,
suivi de motocyclettes. Mais pas un seul soldat qui
vienne vers nous, qui descende, comme le jour
où nous allions à la bataille. C'est au silence que
nous marchons aujourd'hui. Si le but de la guerre

est le col le plus solitaire de France et d'Allemagne, nous serons arrivés dans une heure. Nous ne rencontrons qu'un cheval mort de fatigue dont les maréchaux du régiment arrachent et se partagent les fers, à la dérobée, comme des porte-bonheur. La forêt, par instants, nous couvre d'arceaux humides et l'artiste imitateur de la compagnie imite maintenant les oiseaux. Aux tournants, je vois Michal avancer à dix mètres devant nous, décamètre de son pas étalonné, que le régiment ne rattrapera plus qu'en France. Grâce à la pente, le niveau s'est établi entre le bataillon gai et le bataillon triste. Déjà les bornes kilométriques nous annoncent la France; les hectomètres eux-mêmes parlent sur cette route. Dans huit cent cinquante-trois mètres, nous serons en France. Nous ne voyons plus de l'Alsace que la route, les arbres qui la bordent, et il faut maintenant la toucher pour y croire. Les officiers, ménagers de leurs chevaux, marchent à la hauteur des hommes, avec un remords que combat l'assurance d'avoir désormais plus régulièrement les lettres de leur femme ou de la directrice du Grand Cercle helvétique.

Que nous as-tu donné, Alsace? Nous revenons sans trophées, et il y a au plus trois casques de uhlans dans tout le train régimentaire. Nous n'avons

conquis que des okarinas, des cartes déchirées, et
que nos chiens, baptisés comme une escadre allemande, Guillaume, Bismarck, Blücher. Nous
avons pris l'habitude d'envoyer des vues illustrées
mensongères, de Montchanin quand nous étions
à Burnhaupt, de Ribeauvillé quand nous étions à
Thann, de sorte que nous supportons à peine,
tant l'émotion est forte, de recevoir une carte
vraie, qui vient d'un Parisien et est Sainte-
Clotilde, d'un Vichyssois et est le Casino. Nous
avons gagné de ne pouvoir plus raconter notre
guerre sans dire négligemment que nous avons
commencé en Alsace, et le vin que nous boirons
gardera le goût de kirsch tant que nous n'aurons
pas de bidons neufs... C'est tout... Nous aurons
le sentiment de nous être acharnés sur la frontière
même, la piétinant, comme s'il suffisait de l'effacer, et de l'avoir remplacée par la ligne bossue
de notre itinéraire, par une charnière toute neuve.
Nous aurons, les jours de deuil, la modestie de
ne vouloir acquérir que ce que nous avons par-
couru, Saint-Amarin, Aspach et surtout Enschingen, puisque nous l'avons pris tant de fois. Nous
aurons l'impression d'avoir été envoyés au secours
de l'armée de Belgique moins par Roanne que par
Thann, qui s'est dépouillée généreusement et en
un jour de nous tous, et une fois à l'hôpital, nous

chercherons dans le Bottin de l'étranger les noms
du boucher sympathique et du bon opticien. Alsace
bénigne, qui nous a donné, avant ceux de la vraie
guerre, un souvenir des anciennes campagnes. Nous
avions des uniformes de 70, violet et cuivre, tout
neufs, et les souliers tout neufs qu'on fabriqua
par millions au temps de l'affaire Schnœbelé. Nos
jambes garance se démenaient sous cette armée
antique comme celles d'un enfant sous son cheval
à volants. On ne distinguait pas encore les menui-
siers, les cochers, les prêtres, sous la capote
intacte. Libérés de nos métiers, il ne nous restait
que nos vertus et nos défauts. Nous ne nous
connaissions que par eux ; nous nous appelions :
le gourmand, le menteur, le paresseux, et chacun
respectait le nom de l'autre, comme on le respecte à
la légion étrangère, comme s'il était faux et cachait
un millionnaire, un criminel, un sous-préfet.

En France ? Nous y voici. Le poteau est sous
un tunnel et notre pensée seule, au-dessus, a à
franchir la frontière. Nous faisons halte dans cette
nuit. Un quart d'heure d'ombre totale pour nous
préparer au jour français ; c'est la méthode des
myopes qui changent de lorgnon. Avec des allu-
mettes-bougies, nous cherchons la ligne tracée
sur les murs, comme une coupe. La moindre
parole résonne, et l'écho, sûr de n'être pas vu,

s'approche à dix pas de nous. Nous repartons. La route descend, et l'habitude d'être en France se reprend comme la pente même. Il est midi. Dans des clochers invisibles sonnent des cloches. L'air est doux. Michal nous montre la Moselle qui vient de naître, et ce nom qui vient nous attendre si haut nous émeut comme si la Moselle pour nous était remontée à sa source. Des verdiers, télégrammes timides qui arrivent cinq mètres avant nous à chaque maison de garde, suivent la ligne télégraphique, dont les poteaux ont connu, au temps de leur liberté, tous les sapins du voisinage et sont moins droits et moins guidés. Déjà la route se divise en route départementale, en chemin cantonal. Elle est plantée d'ormes anciens, distants d'une toise, tandis que les tas de cailloux s'espacent à intervalles républicains. Sur chaque arbre, dans chaque fourré, un animal familier nous a attendus : une pie, un chat, un chien beauceron qui aboie dans sa langue claire contre nos chiens allemands. Sur la gauche siffle un train. Nous avions oublié le train. Dans les villages, chez la mercière-épicière, nous avions oublié que se rassemblent le chocolat à billes, le pain d'épices, la moutarde. Il reste même un *Petit Journal* pour le régiment. Voici les affiches coloriées dont nos yeux étaient si pleins qu'ils en découpaient les silhouettes sur les grands murs blancs alsaciens. Nous entrons dans un pays à la vie si précise, si détaillée, que nous recherchons malgré nous le nom de la journée et que nous reconnaissons, presque de vue, le mercredi. Pays charmant : à la sortie du tunnel, un écriteau recommandait de se méfier des courants d'air. Nous succombons à son charme, nous allongeons le pas, nous levons tous ces freins qui nous empêchaient de marcher vite et d'être heureux. Nous sommes infidèles à l'Alsace. Quel bien-être, quel repos de retrouver ce qui est à nous, ce qui est réservé à nous, les Françaises et leur costume, les petites postes bâties sur le modèle des petites gares, les enfants français, tellement moins nombreux que là-bas, rares et précieux comme l'enfance même, qui sont ici des ornements, deux au plus debout sur chaque borne kilométrique, et qui nous répondent, quand nous les questionnons, par un de nos noms même : je suis Jean Parmentier, je suis Émile Richard. A travers une fenêtre, une fillette qu'on habille nous regarde. Une autre, qui ne se sait pas vue, montre sa gorge. Dans une villa, une grande jeune fille brune, les épaules nues, agite vers nous ses deux bras. Délicieux plaisir de revenir dans un pays où la pudeur a changé. Nous retrouvons nos femmes plus simples, plus belles, sans frayeur d'être nues : nous sommes chez nous ! Personne qui récrimine de nous revoir, qui demande une explication, à part une bourgeoise, à la fenêtre de la maison où Turenne a couché, et qui doit craindre des représailles. Un facteur nous accompagne. C'est le facteur, cette fois, qui nous offre un verre de vin. — Ce n'est pas de refus, facteur ! Il nous indique le nom de tous les villages, avec le nombre de lettres que chacun reçoit par an. La petite ferme au pied du rocher de granit n'a jamais de courrier. Il lui porte les catalogues en double, les imprimés, les lettres de faire-part revenus avec la mention « inconnu ». Le bourg au-dessus de nous, c'est Bussang. Voici les affiches balnéaires, d'où le maire a fait effacer : *Bussang = Sang bu*, à cause de la guerre. La jeune fille à jupe noire, en chemisette rose, les cheveux en coque sur les oreilles, c'est Mlle Marie Renaud. Pas la blonde qui est Ernestine Chaumont. Mais Renaud a hérité d'une rente de mille francs. Elle entend ne se marier qu'à sa guise et a refusé tout le monde.

Marie Renaud sourit à Forest, qui vient bavarder avec elle, la halte se fait devant sa maison, et il a deviné qu'elle s'appelait Marie ; il voudrait seulement le reste de l'adresse. Elle lui fait devi-

ner son nom, et le nom du village, et celui du
canton, par la première syllabe de chaque mot.
Doux bégayement! Mais on siffle : adieu. Elle lui
permet de l'embrasser.   Nous partons. Fantassins pleins de tact, nous ne nous retournons point
vers elle, pour qu'elle voie seulement, dans notre
masse bleue, le visage de son Forest, qui marche
à reculons, l'emplâtre, et sur mes pieds !

IMPRIMERIE CHAIX, RUE BERGÈRE, 20, PARIS. — 4664-5-16. — (Encre Lorilleux).